KB137730

교실을 광장으로 만들기

어린이들과 함께하는 평화통일 상상력 키우기

교실을 광장으로 만들기

어린이들과 함께하는 평화통일 상상력 키우기

초판 1쇄 인쇄 2023년 12월 23일
초판 1쇄 발행 2023년 12월 31일

지은이 윤철기, 간우연, 강혜리, 김민희, 김햇살, 심은보,
이지우, 주승현, 최혜림

펴낸이 김승희
펴낸곳 도서출판 살림터

기획 서울교육대학교 통일교육 선도대학 사업단
출판기획 정광일
편집 이희연
북디자인 이순민
삽화 주승현

인쇄.제본 (주)신화프린팅
종이 (주)명동지류

주소 서울시 양천구 목동동로 293 22층 2215-1호
전화 02) 3141-6553
팩스 02) 3141-6555
출판등록 2008년 3월 18일 제313-1990-12호
이메일 gwang80@hanmail.net
블로그 https://blog.naver.com/dkffk1020
한국교육연구네트워크 https://www.kednetwork.or.kr

ISBN 979-11-5930-271-8 03370

*가격은 뒤표지에 있습니다.
*잘못된 책은 바꾸어 드립니다.
*이 책은 저작권법의 보호를 받는 저작물이므로 무단전재와 복제를 금합니다.

어린이들과 함께하는
평화통일 상상력 키우기

윤철기, 간우연, 강혜리, 김민희, 김햇살,
심은보, 이지우, 주승현, 최혜림 지음
삽화 **주승현**

살림터

교실을 광장으로 만들기

열린 교육으로 가는 길

통일교육에는 그동안 누군가의 정치적 욕망이 숨겨져 있는 경향이 있었다. 권위주의 시기에 통일교육은 반공교육이었다. 권위주의 시기에 정치권력은 정당성이 취약했다. 민주적인 기본절차마저 무시되고는 하였다. 헌정질서는 권력에 의해서 자의적으로 유린되었다. 권력은 취약한 정당성을 입증하기 위해서 '적'을 공격하는 것으로 자신의 정당성을 대체하고자 했다. 적에 대한 공격의 극단적인 형태는 '적을 만들어 내는 것'이었다. 우리가 잘 아는 1948년 4월 3일 제주가 그랬고 1980년 5월 18일 광주가 그러했다. 반공교육은 적을 공격하는 권위주의 정치를 정당화하는 기능을 했다. 분단된 사회구조에서 통일교육은 적과의 대립과 긴장을 넘어 '적을 만드는 정치'를 합리화한 것이다. 물론 통일교육이 의도하지 않은 것일지도 모른다. 하지만 의도하지 않은 것이라고 해서 문제가 없는 것도, 책임이 없다고도 말할 수도 없다. 그런데 민주화된 이후에도 통일교육은 집권세력의 목소리를 대변하는 경향을 보였다. 민주화에도 불구하고 통일교육에서 하향식(top-down) 교육은 지속된 것이다. 그래서 정부가 바뀔 때마다 통일교육의 내용은 달라졌다. 남북한 관계가 개선되었을 때는 평화교육적 성격이 강하게 나타났고, 북핵 위기 등으로 한반도의 긴장이 고조될 때는 안보교육적 성격이 강하게 나타났다.

민주화 이후에도 통일교육에 특정 세력의 정치적 욕망이 투영될 수 있게 된 중요한 이유는 학생과 시민을 한반도의 평화와 통일을 실현할 정치적 주체로 인식하고 있지 않았기 때문이다. 학습자는 모두 대한민국의 시민이고, 시민은 자신의 이해와 요구를 자유롭게 이야기하고 표현할 자유를 가진다. 그렇지만 통일교육에서만큼은 예외였다. 통일과 관련되어 자신의 정치적 입장을 이야기할 수도 없고 집권세력이 통일교육이라는 창구를 이용해서 홍보하는 정부의 정책에 대해서도 쉽게 반대의 목소리를 낼 수 없었다. 물론 가장 어려운 일은 통일에 대해서 반대할 수 없다는 것이다. 현실 정치에는 답이 없으며 시민들은 그 답을 만들어가는 사람들이지만, 통일교육에서만큼은 답이 정해져 있었다. 결국 통일교육이란 영역에서 시민은 정치의 주체가 될 수가 없었다. 통일이란 국가과제가 헌법에 명기될 수 있었던 것도 시민사회의 요구가 있었기 때문이다. 그런데 통일교육은 시민들의 이해와 요구에 대해 귀 기울이지 않았다.

민주주의 사회에서 시민은 정치의 주체이다. 이제 통일교육은 누군가의 정치적 욕망을 학습자에게 강요하지 않았는지 성찰하는 시간을 가져야 한다. 그 주체들의 힘이 모여 대한민국의 헌법이 제정되었으며, 헌법은 통일을 국가의 중대한 과제로 제시했다. 헌법은 국가과제를 해결하기 위해서 대통령에 임무를 부여하고 있다. 대통령에게 주어진 임무는 결국 국민이 부여한 것이다. 평화와 통일의 주체는 결국 시민이다. 결국 시민은 정치의 주체이면서 동시에 통일의 주체이다. 시민이 한반도 평화와 통일의 과정과 통일 한반도의 운명을 결정하게 될 것이다. 그러므로 평화통일교육은 통일의 당위성과 필요성을 강조하는 교육을 하기보다는 통일의 과정과 통일한 반도의 미래에 대해서 스스로 생각하고 결정할 수 있도록 기회를 제공하는 시간으로 변화되어야 한다.

정치의 주체로서, 시민

대한민국의 헌법은 전문(前文)에 한반도에서 공화주의가 시작되는 대한민국의 뿌리가 1919년 3·1운동과 대한민국임시정부에 있음을 분명히 하고 있다. 공화주의 전통의 핵심적인 특징은 '국민주권론'이다. 대한민국은 민주주의 국가이다. 헌법 1조 1항은 "대한민국은 민주공화국이다"이고 2항은 "대한민국의 주권은 국민에게 있고, 모든 권력은 국민으로부터 나온다"라고 명시하고 있다. 이는 대한민국의 국민이 곧 주권자이며 동시에 정치의 주체라는 점을 분명히 하고 있다.

헌법은 국가의 주권과 정체성을 대내외적으로 설명하는 기능을 하게 된다. 헌법은 '하나의 통일된 국가'를 대한민국의 정체성으로 인식하고 있다. 따라서 분단이라는 상황을 극복하고 통일을 대한민국의 국가과제로 제시하고 있다. 헌법 4조는 "대한민국은 통일을 지향하며, 자유민주적 기본질서에 입각한 평화적 통일정책을 수립하고 이를 추진한다"고 명기하고 있다. 그래서 헌법의 제시한 국가과제를 근거로 학생과 시민들에게 (평화·)통일교육을 실시해 왔다고 할 수 있다. 그런데 한국 사회와 통일교육은 헌법이 제시한 국가과제로서 통일을 누가, 어떻게 실천할 것인가에 대한 고민이 부족했다.

과연 지난 시기 남북한 관계와 통일에 관련된 논의에서는 시민을 정치의 주체로 인식했다고 확신하기 어렵다. 특히 한반도에 안보위기가 발생했다고 판단되는 순간 정치는 북한 및 통일문제에서 시민의 참여를 제한했다. 소위 '창구단일화'의 논리이다. 창구단일화라는 논리가 처음 등장하는 시기는 노태우 정부 시기이다. 1987년 6월 항쟁 이후 민주화가 성취되면서 시민사회 내부에서는 통일에 대한 열망이 뜨거웠고 시민사회가 직접 북한과 접촉하려는 시도들이 있었다. 당시 노태우 정부는 이에 대해 '창구단일화'란 논리를 내세우면서 민간의 접촉을 불허했다. 창구단일화의 논리는 남북한 관계가 개선되면서 사라지는 것 같았지만, 이후 위기가 발생하게 되면 부활했다. 남북한 간의 긴장이 고조되고 안보위기가 발생하면 시민들은 논의에서 배제되었다.

평화통일교육은 학생과 시민들이 스스로 '정치의 주체'라는 점을 인식시

키려는 시도조차 하지 않았다. 민주주의에서 정치의 주체가 된다는 점은 자율적이고 비판적인 현실 인식, 그리고 이를 기반으로 하는 정치적 관심과 참여가 필수적이다. 정치의 주체가 되기 위해서 가장 중요한 근간은 '개인의 자율성'이다. 모든 시민은 자신의 정치적 이해관계를 가지기 마련이며, 또 모든 개인은 자신의 이해를 실천할 수 있는 권한을 가지고 있다. 그런데 통일교육은 통일의식을 고취한다는 이유로 개인의 정치적 이해관계를 묻지 않았다. 바로 이 점이 독일(서독)의 정치교육과 다르다.

통일은 그 자체로서 마치 '절대적인 선'처럼 취급되어 왔다. 그 덕분에 통일에 반대하는 학생들은 통일교육 시간에 자신의 의견을 솔직하게 말하기 어렵다. 통일교육이 이루어지고 있지만 여전히 적지 않은 시민들이 통일에 반대하고 있다. 통일교육이 시민들에게 통일의 필요성과 당위성을 설명하고자 한다면, 무엇보다 먼저 통일에 반대하는 사람들의 의견을 청취해야 한다. 그런데 지금까지의 통일교육은 통일에 반대하는 사람들에게 그 이유를 듣기보다는 통일을 해야만 하는 이유를 일방적으로 설명하는 데에 급급했다. 비록 한국의 헌법이 통일을 국가과제로 제시하고 있지만, 통일에 반대하는 입장 역시 존중되어야 한다. 통일에 반대하는 목소리에 귀 기울이지 않으면, 그들을 설득하기는 더욱더 어려워진다.

통일은 과정이다. 통일이 어떠한 방식으로, 어떠한 모습이 될지는 아직 아무도 장담할 수 없다. 통일의 과정을 주도하고 통일 한반도의 미래를 만들어 갈 사람들은 바로 시민이다. 그래서 시민들이 한반도 평화와 통일의 주체이다. 그런데 앞서 말했듯 시민들은 북한과 통일 문제에서 적극적으로 관심을 가지고 참여하기 어려운 환경이다. 그리고 통일교육은 시민들이 한반도의 평화와 통일에서 주체라는 점을 인식할 수 있는 교육을 하지 못하고 있다. 오히려 그동안 정부와 언론 그리고 교육은 통일이 마치 '누군가가 주는 선물'로 취급하는 경향이 있었다. 그리고 그 시민이 한반도에서 평화와 통일을 실현하는 주체가 아니라 단지 "평화통일을 염원하고 찬성하는 사람들" 정도로 인식하고 있는 경향을 보였다. 통일의 과정에서 실제로 시민들이 참여할 방법이 극히 제한되어 있는 상황에서 이는 어쩌면 당연한 귀결일지도 모른다. 그러나 통일의 과정은 민주적이어야 한다. 이를 위해서는 시민들의 관심과 참여는 필수적이다.

이제 통일교육은 누군가의 정치적 욕망을 학습자에게 강요하지 않았는지 성찰하는 시간을 가져야 한다. 시민은 정치의 주체이다. 평화와 통일의 주체는 결국 시민이다. 시민이 한반도 평화와 통일의 과정과 통일 한반도의 운명을 결정하게 될 것이다. 그러므로 통일교육은 통일의 당위성과 필요성을 강조하는 교육을 넘어서서 통일의 과정과 통일 한반도의 미래에 대해서 스스로 생각하고 결정할 수 있는 기회를 제공하는 시간으로 변화되어야 한다.

광장으로서 평화통일교육

한반도 평화와 통일에 관한 이슈에는 언제나 복수의 입장과 해석이 존재해왔다. 이는 한국 사회에서 한반도 문제를 둘러싼 정치사회와 시민사회의 이해관계의 대립과 갈등으로 나타나고 있다. 민주주의 사회에서 서로 다른 견해가 존재하는 것은 어쩌면 당연한 일일 것이다. 그런데 통일교육와 평화통일교육은 서로 다른 해석과 견해가 제대로 소개되지 못했다. 그 결과 학습자들은 자신의 입장을 세우기 어려웠고, 토론을 할 수도 없었다. 물론 국회에서마저도 한반도 평화와 통일에 관한 이슈에 대해 심도 있는 격론을 보기 어려웠던 것이 누구도 부인하기 어려운 사실이다. 지난 한국 정치사에는 언제나 국회가 과연 '제도화된 공론장'의 역할을 수행하고 있는가에 대한 물음이 존재해 왔다. 반면 시민사회에는 한반도 문제에 대한 공론장이 부재했다. 미디어들이 간혹 토론의 장을 마련하기도 했지만 그 토론은 엄연히 일부 전문가들 차지였다. 시민들이 자신의 입장을 가지고 토론을 할 수 있는 공간이 거의 전무했다. 다시 말해 정치사회와 시민사회에는 다양한 입장과 해석이 존재하지만, 그러한 견해가 토론과 논쟁을 할 수 있는 민주적이고 평화적인 공론장이 마련되지 못했다.

그래서 새로운 평화통일교육은 '광장'이 되어야 한다. 학습자들이 한반도 평화와 통일에 관한 다양한 이해관계와 정치적 혹은 이론적 해석이 존재한다는 사실을 인지할 수 있도록 해주어야 한다. 또 평화통일교육은 학습자들이 자신의 이해와 입장을 정리하고, 다른 이해와 입장을 가진 사람들과 토론하고 논쟁할 수 있는 기회와 시간을 제공해야 한다. 평화통일교육은 다양한 의견들이 존중받으면서도 갈등을 평화적으로 전환할 수 있는 공론장이 되어야 한다.

평화통일교육이 분단이 만들어 낸 적대성을 극복하고 한반도에서 평화와 통일을 실현하는 데에 실질적으로 기여하기 위해서는 다음과 같은 원칙이 지켜져야 한다.

(1) 평화통일교육은 모든 의견을 포용하는 공론장이 되어야 한다:

교육현장에서 통일에 반대하는 사람들이 자신들의 목소리를 낸다는 것은 여간 어려운 일이 아니다. 통일에 반대하거나 동의하지 않는다고 생각하는 사람들은 평화통일교육과 자신이 어울리지 않는다고 생각하게 된다. 통일에 찬성하고 동의하는 사람들은 자신의 의견을 당당하게 피력하는 데에 어려움이 없지만, 그와 다른 사람들은 자신의 의견을 말하기 어렵다. 통일에 반대하는 사람들은 통일의식이 부족한 사람으로 취급되고 있다.

평화통일교육은 통일에 반대하거나 동의하지 않는 사람들, 통일의 논의에서 소외되어 온 사람들, 통일의 과정에서 개인의 희생을 염려하는 사람들을 자유로운 토론문화의 형성을 통해 포용해 나가야 한다. 통일에 반대하는 이들에게 통일은 필수불가결한 것이라고 강조하기 이전에 그들의 목소리에 귀를 기울일 필요가 있다. 그들을 통일의식이 부족한 사람들로 폄

훼하기 이전에 그들의 입장과 견해를 존중하고 이해하려 노력해야 한다. 평화통일교육에서 지금까지 포용하지 못했던 사람들에게 진입장벽을 낮추고, 그들과 함께 분단의 문제를 논의하며 대안을 함께 고민해야 한다.

(2) 평화통일교육은 평화와 인권과 같은 인류의 보편의 가치를 실현하기 위한 민주적인 공론장이 되어야 한다:

평화통일교육은 통일과정에서 인류 보편의 가치를 시민들이 정확하게 인식하고 실천할 수 있도록 돕는 교육이 되어야 한다. 무엇보다 먼저 평화통일교육은 평화의 가치를 정확하게 이해할 수 있는 평화교육이 되어야 한다.

평화는 특정한 정치세력만이 강조할 수 있는 그러한 가치가 아닌 인류 보편의 가치이다. 인류는 지난 역사 속에서 그리고 현재에도 수많은 전쟁을 치렀고, 그 결과 평화의 소중함을 비로소 깨닫게 되었다. 특히 1, 2차 세계대전을 통해 대량 살상무기의 위험을 너무나 잘 알게 되었다. 한반도에서 살아가는 사람들도 예외는 아니다. 한국전쟁을 거치면서 남북한 사람들은 70년이란 세월에도 전쟁의 아픔과 상처를 마음속에 간직한 채 살아가고 있다. 그래서 통일교육은 평화의 가치를 인식하고 실천하고자 하는 용기를 가진 시민을 육성하기 위한 평화교육이 되어야 한다.

또한, 평화통일교육의 궁극적인 목적인 인권의 가치를 실현하는 데에 있다. 한반도의 평화와 통일은 결국 '사람'을 위한 일이다. 분단이 인간다운 삶을 살아가기 어렵게 만들어왔다는 사실은 누구도 부인하기 어렵다. 분단은 지난 70년의 역사에서 비인권적인 상황에 발생하는 핵심적인 원인이다. 분단을 극복하는 일은 결국 한반도에서 사람이 사람답게 살아갈 수 있도록 하기 위함이다. 따라서 통일교육은 한반도 인권의 현안을 둘러싼 쟁점을 교육해야 한다.

(3) 평화통일교육은 생태계와 세계사회의 평화적 미래를 위해 세계 시민과 소통하고 연대할 수 있는 공론장이 되어야 한다:

평화통일교육은 생태평화와 세계평화를 위해 남북한 사람들은 물론 세계사회와의 연대와 협력을 실천하기 위한 방안을 논의하기 위한 공론장이 되어야 한다: 평화통일교육이 한반도에서 평화를 정착에 기여하기 위해서는 '생태평화교육'이 필요하다. 생태평화(ecological peace)는 인간의 세계만이 아니라 생태계에도 어떠한 폭력이 부재한 상태를 의미한다. 한반도에서 영구적으로 평화가 정착되기 위해서는 한반도와 지구의 생태계에도 폭력적인 상황이 지배하는 것 혹은 그 가능성을 최대한 배제하는 일이 필요하다. 그렇지 않으면 한반도에서 '지속가능성(sustainability)'을 관철해 나갈 수 없다.

지속가능성을 실현하기 위해서 남북한에서 기후와 생태의 상황을 정확하고 과학적으로 인식하고, 그에 따른 정부와 시민이 무엇을 준비하고, 어떻게 실천해 나가야 하는지를 고민해야 한다. 평화통일교육은 교육자와 학습자가 함께 머리를 맞대고 현실을 과학적으로 인식하고, 문제 해결을 위한 방안은 무엇인 고민할 기회와 시간을 제공해야 한다. 한반도와 지구의 생태환경이 지속가능성을 상실하게 되면 한반도에서 평화는 영원히 기대하기 힘들다. 분단구조하에서 지금처럼 대립과 갈등이 지속되면, 생태위기를 극복하고 평화를 실현할 수 있는 골든타임을 놓치게 된다.

평화통일교육은 한반도에서 평화와 통일을 실현하기 위해 학습자가 국제사회와 연대와 협력의 필요성을 인식하고 구체적인 실천 방안에 대해서 고민하는 시간을 제공해야 한다. 사실 분단의 기원과 지난 역사를 살펴보면, 한반도의 통일과 평화는 당사자들의 합의만으로 성사되는 것이 아니라는 점을 말해준다. 한반도의 평화와 통일이 실현되기 위해서는 주변국들과 세계시민들의 지지와 지원이 필요하다. 한반도의 통일을 평화적으로 성취하기 위해서는 주변국들과의 외교 관계의 개선이 매우 중요하다. 그래서 평화통일교육은 통일된 한반도와 그 시민들이 동북아시아와 세계평화에 기여하는 세계시민이 될 수 있도록 돕는 '세계시민교육(global citizenship education)'이 되어야 한다.

책의 구성과 내용

한반도 분단은 70년 넘게 지속되면서 분단은 구조화되고 제도화되고 있다. 한반도의 분단은 한국 사회에서 수많은 정치사회적 이슈와 쟁점을 만들어 내고 있다. 그럼에도 불구하고 평화통일교육은 통일의 당위성과 필요성을 설명하는 데에 집중했다. 미래세대들은 미디어를 통해서 제한된 정보와 지식을 통해서 정치사회적 이슈를 접할 수 있었을 뿐, 학교에서는 분단 문제와 관련된 이슈와 쟁점을 배우기 어려웠다.

이러한 현실을 보고 서울교육대학교 통일교육선도대학사업단은 토론, 놀이, 활동을 중심으로 하는 새로운 교과서, 『교실을 광장으로 만들기』를 개발하고자 했다. 이 교과서는 창의적 체험활동 시간이나 정규 교과시간에 활용할 수 있도록 워크북 형태로 구성되었다. 이 교과서를 통해 교실이 토론과 활동을 통해 자유로운 생각과 의견이 교환되는 광장이 되기를 희망한다. 이 교과서는 교실이 광장이 될 수 있을 때, 한국 사회에서 분단 문제에 대한 민주적이고 평화적인 공론장이 마련될 수 있다는 믿음을 가지고 기획되었다.

『교실을 광장으로 만들기』는 평화통일교육이 한반도와 평화와 통일에 관한 다양한 이슈들을 '토론과 활동'을 통해 공론장을 형성하는 데에 기여하기 위해서 기획된 새로운 교과서이다. 이 책에서 이야기하는 공론장은 언어적 공론장만이 아니라 비언어적 공론장을 포함한다. 초등학생들에게는 다양한 활동을 통해서 비언어적인 공론장이 형성되는 것이 더욱더 중요하다. 진정한 의사소통은 말로서만 이루어지는 것이 아니라 몸과 마음으로 이루어지는 것이기 때문이다. 이 책에서는 편의상 크게 2부-평화, 통일-로 구성되지만 각각은 분리된 것이 아니라 상호보완적 형식으로 구성되었다. 이 책을 활용할 때 소외되거나 배제되는 사람이 아무도 없이 모든 학생들이 자유롭게 토론하고 활동할 수 있도록 하는 데에 최선을 다했다. 또한 교실이 누구나 자유롭고 평등한 광장이 되기를 희망하면서 현장에서 평화통일교육을 담당하고 계신 선생님들과 함께 집필하였다.

1부 1장 "평화의 인지"에서는 무엇보다 먼저 학습자가 평화의 가치를 몸과 마음으로 인식할 수 있는 기회를 제공하고자 했다. 특히 교실에서 움직임을 통해 평화가 무엇인지 인지하게끔 함으로써, 평화의 가치와 중요성을 몸으로 깨달을 수 있게 구성했다. 그리고 평화의 질서를 교실에서 학생들이 스스로 만들어 나갈 수 있다는 점 역시 인식할 수 있는 계기를 마련해 주고자 했다. 지금까지 인간의 생명과 평화를 지키기 위해서 질서는 어떠한 자격과 권한을 가진 자들만이 할 수 있는 것으로 생각해 왔지만, 학생들 스스로의 힘으로 질서를 유지하고 안전과 평화를 지킬 수 있다는 점을 활동을 통해 몸으로 직접 확인하는 일은 매우 중요한 일이다.

2장에서는 갈등해결과정과 갈등해결기술을 몸에 익힐 수 있도록 하는 내용을 담았다. 학생들 사이에 갈등이 발생하는 것은 불가피한 일이다. 하지만 지금까지 학교에서의 갈등 해결의 주체는 학습자가 아니었다. 학생들은 스스로 문제를 해결하지 못하고 학교와 교사에게 의존하는 것을 당연시해 왔다. 그렇지만 학교 안에서의 평화를 해결하기 위해서는 학교교육의 중요한 주체 가운데 하나인 학생들이 직접 갈등을 해결할 수 있는 방법과 기술을 익히는 것이 중요하다. 그래서 젠더갈등 해결과 '사과법(the sorry act)' 제정을 통해 학교와 교실에서 평화를 찾는 법을 고민하는 시간을 제공하고자 했다.

3장과 4장에서는 생태평화에 관한 이슈들에 관해 토론하고 생각할 수 있는 시간을 마련하고자 했다. 우선 3장은 동물권에 대해서 생각해 보는 시간을 마련했다. 많은 어린이가 동물을 사랑한다. 그런데 어린이들은 대부분 동물원에서 야생동물들을 처음 접하게 된다. 그리고 과연 동물원의 동물들은 행복한지 생각해 볼 기회를 가지지 못한 채 동물원에 가게 된다. 도시화와 산업화 이후 인간은 자연과 동물과 유리되어 살아가고 있다. 한반도에서도 마찬가지이다.

하지만 인간은 인간에게 인권이 있듯이 동물들에게도 동물권이 있다는 생각을 하지 못했다. 그래서인지 여전히 많은 사람들은 좁은 동물원에서 살아가는 동물들에게 동물권이 지켜지고 있는지 생각해 볼 기회를 가지지 못한다. 그렇기에 3장에서 특별히 동물권에 대해서 함께 생각하고 토론하는 기회를 마련했다.

4장에서는 생태평화에 대해서 학습자들이 생각해 볼 수 있는 시간을 마련했다. 생태평화의 첫걸음은 인간 역시 자연의 일부라는 점을 깨닫는 것이다. 인간은 농업활동을 시작하면서 노동으로 자연을 변화시켜 생산물을 얻어내며 생존해 왔다. 자본주의적 산업화로 대량생산 체계가 만들어지면서 인간은 자연과 떨어져 살아갈 수 있는 것처럼 착각하기 시작했다. 대량생산과 대량소비가 정착되면서 인류의 역사에서 가장 풍요로운 삶을 영위할 수 있게 되었지만, 생태위기가 발생하고 말았다. 생태의 위기는 곧 인간의 위기를 뜻한다. 인간은 생태위기의 상황에서 평화적으로 삶을 영위할 수 없다. 생태를 보호한다는 것은 인간과 별개의 존재를 지키는 것이 아니라 사실은 인간을 지키는 일이라는 것을 4장의 수업을 통해 생각해 볼 것이다.

5장에서는 군축교육의 일환으로 어린이들의 '장난감 무기'의 위험에 대한 인식하는 계기를 마련하는 시간을 마련했다. 무기 개발의 목적은 전쟁을 억지(deterrence)하기 위한 것이다. 그런데 어린이나 청소년들이 사용하는 장난감 무기는 '장난'이라는 이름으로, 아이들에게 폭력을 정당화할 수 있다는 위험과 문제의식을 인지하지 못하는 경우가 있다. 장난감 무기에 대한 문제점을 생각하고, 이를 토대로 "무기 없는 세상"을 상상해 보는 시간을 가지고자 했다. 상상하지 않으면 현실의 문제를 인식할 수도 없고, 현실을 변화시킬 수 없게 된다. "무기 없는 세상"에 대한 상상은 군비경쟁과 무분별한 무기 사용이 가진 문제점을 이해하는 데에 큰 도움을 주게 될 것이다.

6장에서는 안전이 보장되지 않는 세상에서는 평화와 인권을 기대할 수도, 실현할 수도 없다는 점을 지난 사건들을 통해 확인하고자 했다. 한국사회는 지난 시간 동안 수많은 인재(人災)로 죄 없는 목숨을 잃었다. 평화교육에서는 인재로 인해 안타깝게 목숨을 잃은 희생자들과 유가족들을 애도하고 슬픔을 공감하는 것 역시 중요하다. 그리고 학습자가 안전을 지키는 것은 인권과 평화를 지키기 위한 기본적인 전제조건이다. 안전을 누군가가 지켜주기만을 기다리는 것이 아니라 시민들이 스스로 안전을 지키기 위해 무엇을, 어떻게 해야 하는지에 관해 함께 이야기를 나누는 시간을 만들었다.

2부에서는 한반도 통일에서 다양한 이슈들을 논의하는 장으로 구성되었다. 특히 통일에 관련된 이슈들에 대한 학습자의 생각을 논의할 수 있도록 노력했다. 초등학생의 눈에서 생각해 볼 수 있는 이슈들을 선별하고, 최대한 모든 학생들을 포용해, 교실을 광장으로 만들 방법을 고민했다.

1장에서는 평화통일교육에서 가장 중요한 이슈임에도 불구하고 논의하지 못했던 이슈들에 대해서 논의할 수 있도록 구성했다. "먼저 통일은 해야 할까?"란 이슈를 통해 통일에 반대하는 학생들도 논의에 참여할 수 있도록 했다. 통일의 당위성과 필요성을 일방적으로 강요하기보다는 통일에 반대하는 학생들을 포용해서 모두 함께 수업을 진행할 수 있도록 노력했다.

또한 "통일은 언제부터 시작일까?"에서는 통일이란 무엇인지에 대해서 독일통일과 북아일랜드 평화협정의 사례를 통해 통일의 과정에 대해서 생각해 볼 수 있도록 했다. 그리고 마지막으로 "남북한 모의 회담"을 통해서 학생들이 직접 회담에 구성하고 참여하여 한반도 통일을 성취해 나가는 과정을 스스로 판단하고 실천할 수 있도록 구성했다. 모의 회담은 서로 다른 의견을 가진 학습자들이 의견을 조율하기 위해서 대화에 참여하여 화해하고 협력할 방안을 고민할 수 있도록 구성했다.

2, 3장에서는 북한을 이해할 수 있도록 구성했다. 북한은 여전히 폐쇄된 사회이다. 더욱이 분단구조하에서 한국 사회는 북한에 대한 정보와 지식

의 습득이 제한되면서 북한 사회를 객관적으로 이해하기 어려운 측면이 있다. 그래서 북한을 객관적으로 이해하는 것은 평화교육통일교육의 주요한 교육목적 가운데 하나이다.

2장에서는 같은 한글을 사용하지만 70년간의 분단으로 서로 어휘의 측면에서 달라진 북한말들을 살펴보고, 그 뜻을 살피는 시간을 가졌다. 기존에는 북한말을 이해한다고 하면 한국에서 사용하는 외국어나 외래어가 북한에서 무슨 단어로 사용하는지 살펴보는 정도의 수준에 그쳤다. 이 책에서는 외국어나 외래어가 아니라 같은 뜻의 다른 표현을 살펴봄으로써 이질성보다는 동질성을 강조하고자 했다.

또한 북한 사회에서 '고난의 행군'이라 부르는 1990년대 경제위기 이후 북한 사회의 변화를 '시장화'를 통해서 살펴보고자 했다. 초등교육에서는 그동안 북한 사회의 변화에 대해서 이해할 수 있는 시간이 좀처럼 없었다. 그래서 학생들이 북한 주민들이 보이는 일상의 변화를 이해할 수 있는 시간을 마련했다.

3장에서는 남북한 관계에서 군사적 갈등 없는 평화적 관계가 형성되는 것을 상상해 보기 위해, 폭력과 무기로 인해 발생하는 갈등을 평화적인 방법으로 해결하는 방법을 찾아보는 시간을 마련했다. 현실에서 폭력과 무기가 존재하지만, 폭력과 무기가 사라지고 평화적 관계로 구성되는 세상을 상상함으로써 한반도와 세계사회가 앞으로 어떻게 변화되어야 할 것인지를 생각해 볼 수 있는 시간을 가지고자 했다. 어린이들이 유토피아와 같은 평화적인 세상을 꿈꾸고, 폭력을 발생하는 사람과 과잉생산된 무기의 문제점을 이해하게 되면, 그들이 성장하여 조금 더 평화로운 세상을 만들 수 있을 것이다. 또한 이것이 학교와 교실에서 학생들 사이에서 발생하는 폭력적 갈등을 평화적인 방법으로 해결하고 화해할 수 있는 방안을 모색하는 데에도 기여할 수 있기를 소망하는 마음으로 작성되었다.

4장에서는 한국 사회에는 다양한 구성원들이 존재하며, "통일이란 한반도에서 살아가는 다양한 '우리'가 하나의 공동체가 되는 일"이란 점을 학생들에게 이해시키고자 했다. 다양한 우리가 하나의 공동체를 만들기 위해서는 무엇보다 먼저 다양한 우리가 존재한다는 사실부터 인지하고, 그 '다양성(diversity)'을 존중하는 일이 '평화적으로' 하나의 공동체를 만들 수 있는 가장 중요한 방법이라는 점을 이해하도록 하기 위해, 학생들이 몸담고 있는 공동체인 학교에서 다양성을 존중하는 방법을 이해하도록 구성했다.

5장에서는 한반도의 통일이 분단 70년 동안 제한된 남북한 사람들의 인권을 실현하는 데에 있어 매우 중요하다는 점을 기본권 가운데 하나인 '자유권'의 실현을 통해서 설명하고자 했다. 대한민국 헌법은 자유권을 기본적으로 보장하고 있다. 그렇지만 북한을 자유롭게 여행할 수 없다. 대한민국의 여권을 가지고 있으면 사전비자를 받지 않아도 2023년 1분기 현재 192개국을 방문할 수 있다.

그렇지만 한반도 북쪽으로는 갈 수 없다. 분단구조하에서 거주이전의 자유가 제한되어 있는 것이다. 그런데 많은 사람들은 분단이 장기화되면서, 북한에 갈 수 없어도 불편함을 느끼지 못하는 상황에 이르렀다. 북한을 자유롭게 여행할 수 있게 된다는 것은 남북한 사람들의 자유권이 확대된다는 것을 의미한다. 5장에서는 통일이란 이렇게 인권의 확대와 실현을 뜻하는 것이라는 점을 설명하고자 했다.

차 례

서문 교실을 광장으로 만들기 _ 5

제1부 평화

평화의 인지

움직임을 통해 평화를 배워 볼까요? _ 28

생태평화

동물권 개념 이해와 실천

동물원에서 사는 동물들의 마음을 생각해 봅시다 _ 36

자연과 인간의 관계

우리는 서로 연결되어 있습니다_생태평화가 중요한 이유 _ 50

갈등해결과정 이해/ 갈등해결기술 익히기

성별(또는 젠더)이 다른 서로를 이해하고 갈등을 평화롭게 해결해 봅시다 _ 62

슬기로운 갈등 해결 방법을 알아보아요 _ 73

군축교육

무기는 꼭 필요한가요? 무기의 필요성에 대해 생각해 봅시다 _ 85

인권의 실현

안전한 세상에서 살고 싶어요 _ 95

제2부 통일

한반도의 통일이란?

통일은 해야 할까? _ 106

독일 통일의 교훈 _ 119

모의 회담을 통해 한반도 통일을 준비해요 _ 127

북한 이해 교육

우리 반 말모이 만들기_남과 북, 표현은 달라도 뜻이 통합니다 _ 138

지도로 북한 주민들의 삶의 터전을,
장마당으로 주민들의 일상을 알아보아요 _ 151

한반도 평화: 군사적 대립 없는 한반도 상상하기

폭력과 무기로 인한 갈등을 해결할 수 있는 방법을 찾아 봅시다 _ 162

통일과 다양성 존중

하나의 공동체 안의 '다양한 우리' 찾기 _ 174

한반도의 인권: 자유권의 실천

평화 여행을 떠나요 _ 188

제1부

평화

평화의 인지

움직임을 통해 평화를 배워 볼까요?

우리는 매일 교실에서 반 친구들과 어울리면서 하루하루 지내고 있습니다. 그런데 교실이라는 작은 공간에 여러 명의 학생이 생활하다 보니 크고 작은 갈등이 생기게 됩니다. 함께 어울려 살아갈 때 갈등으로 힘들지만, 갈등은 우리가 살아가는 데 꼭 필요한 과정입니다. 갈등을 통해 우리는 나와 다른 친구들을 이해하고 함께 지내는 지혜를 얻을 수 있습니다. 물론 교실에서 교사와 학생이 갈등을 풀어가는 과정이 쉽지 않습니다. 우리는 그 과정에서 때로는 감정이 상하기도 하고 오해로 인해 힘든 시간을 보내야 할 때도 있습니다. 하지만 우리는 갈등을 풀어가는 과정을 통해 상대를 이해하고 함께 어울려 평화롭게 살아가는 법을 배우게 됩니다.

이번 차시에는 학생들이 동시에 다양한 방향으로 걷고 움직이는 과정에서 생기는 학생들 간의 부딪침을 갈등이 생겼다고 생각합니다. 그리고 모두가 어떻게 약속하고 행동하면 이러한 갈등을 줄일 수 있을지 친구와 함께 생각하고 몸으로 실천해 봅니다. 이렇게 학생들이 작은 갈등을 풀어가는 과정을 통해 평화를 배우게 됩니다.

#평화 #움직임 #어울림 #대화방법

들어가기

이번 차시에서는 갈등을 해결하고 어울려 지내는 방법을 알아보자. 일상에서 움직임을 해보며 관찰하고 서로 이해하며 존중하는 방법을 배워 평화롭게 지내보자.

활동①은 자유롭게 걷기, 과제 걷기, 이야기 나누기이다. 먼저 정해진 공간을 학생들이 서로 부딪치지 않게 자유롭게 걷는다. 학생들이 처음 걸을 때는 학생들끼리 서로 부딪치는 경우가 많다. 이때 부딪친 학생들에게 부딪친 이유와 어떻게 하면 부딪치지 않을 수 있는지 이야기한다. 이렇게 이야기를 나눈 뒤 다시 다른 학생들과 계속 걷는다. 걷는 것이 익숙해지면 조건을 달리해 본다. 속도를 빠르게 해 보거나 한쪽에만 모여 있지 않고 골고루 퍼져 있게 하는 것, 땅을 짚거나 한 바퀴 도는 것과 같은 움직임을 점점 추가해 본다.

활동②는 걷다가 부딪쳤을 때 어떻게 할지 정해보기이다. 공간 안에서 걷다가 부딪치게 되면 상대에게 미안함을 전달하는 말을 전하고 앞으로 같은 공간에 있을 때 어떤 점을 주의해야 할지 스스로 생각하고 말해보는 시간을 갖는다. 이를 통해 갈등 상황에 놓일 때 어떻게 하면 평화롭게 문제에서 벗어날지 깨닫게 된다.

다음 활동③은 동그랗게 서보기, 시간 줄여보기, 움직임을 통해 배운 평화의 지혜 알아보기다. 구성원 전체가 큰 동그라미를 만들어 본다. 그리고 시간을 정해 점점 빨리 동그랗게 서 보는 활동을 해 보기도 한다. 걸을 때와 마찬가지로 함께 동그랗게 서기 위해 무엇을 생각해야 할지 알아보자.

이러한 활동을 통해 함께 살아가면서 평화롭게 지낼 수 있는 지혜를 얻고자 한다.

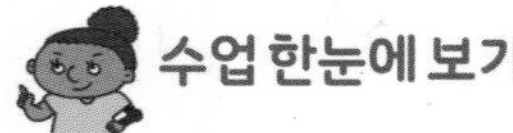

수업 한눈에 보기

<table>
<tr><th>주제</th><th>움직임을 통해 평화 배우기</th></tr>
<tr><td rowspan="3">1차시
~
2차시</td><td>① 자유롭게 걷기, 과제 걷기, 이야기 나누기</td></tr>
<tr><td>② 부딪쳤을 때 어떻게 할지 정해보기, 걷기</td></tr>
<tr><td>③ 동그랗게 서보기, 시간 줄여보기, 움직임을 통해 배운 평화의 지혜 알아보기</td></tr>
</table>

활동 1 자유롭게 걷기, 과제 걷기, 이야기 나누기

♣ 교실이나 다목적실, 연습실과 같이 한 반 구성원 모두가 들어갈 공간에서 자유롭게 걸어 봅시다.

활동방법

1. 규칙 정하기 - 서로 부딪치지 않고 걷기, 만약 부딪친 사람은 걷는 공간 옆으로 빠져 앉기, 부딪친 사람은 악수하고 부딪친 이유를 서로 말하고 다시 공간으로 들어오기 등을 정합니다.
2. 일정한 공간에서 천천히 걷기, 빠르게 걷기, 자유롭게 걷다가 주어지는 신호에 맞춰 방향을 90도 바꿔서 걷기(신호 : 진행자의 박수 소리 등). 처음엔 교사가 진행자 역할을 하지만 시간이 지나면서 학생들이 돌아가면서 진행자 역할을 합니다.
3. 자유롭게 걷는 것이 익숙해지면 공간의 어느 한쪽에만 몰려 있는 게 아니라 골고루 펴져 있게 걷기로 조건을 추가합니다.

♣ 평화롭게 걷기 위한 조건에 대해 서로 이야기를 나눠 봅시다.

활동방법

1. 모두가 얼굴을 볼 수 있게 둥글게 자리에 앉습니다.
2. 진행자가 "평화롭게 걷기 위해 우리가 노력해야 할 점을 이야기해 봅시다"라고 말하고 진행자의 오른편에 앉은 학생부터 생각나는 것을 이야기합니다. 이때, 잘 생각이 나지 않는 학생은 자기 옆에 있는 친구에게 말하는 기회를 넘깁니다.
3. 친구들의 의견에 박수 치며 환영해 줍니다.
4. 학생들은 나눈 의견을 종합하여 정리합니다.

♣ 평화롭게 걷기 위해 우리가 노력할 점을 써 봅시다.

활동 2 걷다가 부딪쳤을 때 어떻게 할지 정해보기

♣ 걷다가 부딪친 경험을 서로 나누고 부딪쳤을 때 어떻게 할지 생각해 봅시다.

활동방법

1. 모두가 얼굴을 볼 수 있게 둥글게 자리에 앉습니다.
2. 진행자는 걷다가 부딪친 학생들의 상황을 모두에게 알려줍니다. (부딪친 학생들의 재연도 좋습니다)
3. 진행자는 "걷다가 부딪쳤을 때 어떻게 하는 것이 좋을지 이야기해 봅시다"라고 말하고 왼편에 앉아 있는 학생부터 생각나는 것을 이야기합니다, 이때, 생각이 잘 나지 않는 학생은 자기 옆에 있는 친구에게 말하는 기회를 넘깁니다.
4. 친구들의 의견에 박수를 치며 환영해 줍니다.
5. 2인 1조가 되어 부딪치는 상황이 만들어졌을 때 어떻게 이야기하면 좋을지 앞에 나온 이야기를 바탕으로 간단한 역할극으로 표현합니다.
6. 친구들의 역할극을 보고 나서 어떻게 할지 정리해 봅니다.

♣ 걷다가 부딪치는 경우 어떻게 할지 정리해 봅시다.

이렇게 말해요	이렇게 행동해요
1.	1.
2.	2.
3.	3.
4.	4.

활동 3 동그랗게 서 보기, 움직임과 평화 알아보기

♣ 활동 1의 결과를 바탕으로 모두가 동그랗게 서 보는 활동을 진행합니다.

활동방법

1. 모두가 자유롭게 이동하다가 진행자의 신호에 멈춥니다.
2. 진행자가 "동그랗게 서 주세요"라는 말과 함께 공간 가운데에 동그랗게 섭니다.
3. 진행자는 동그랗게 선 곳 중에 찌그러진 부분이 있으면 알려줍니다.
4. 동그랗게 섰다고 생각이 되면 자리에 앉습니다.
5. 처음에는 시간을 재지 않다가 두 번째부터는 동그랗게 서는 데까지 걸리는 시간을 측정합니다.
6. 동그랗게 서기 위해 어떤 노력을 해야 할지 서로 이야기 나눕니다.
7. 만약 혼란스러운 상황에 되었을 때 어떻게 해야 할지 이야기 나눠 봅시다.

※ 교실에서 의자에 앉아 있을 때 동그랗게 모여 앉는 것으로 바꿔 진행해 볼 수도 있습니다.

♣ 동그랗게 서기 위해 어떤 노력을 기울여야 할지 이야기 나눕니다. 나온 이야기를 정리하고 생각해 볼 가치와 연결해 봅시다.

나온 이야기	생각해 볼 가치
1.	1.
2.	2.
3.	3.

♣ 혼란스러운 상황(무질서)을 맞이했을 때 어떻게 해야 할지 쓰고, 이야기 나눠 봅시다.

더! 알찬 수업을 만드는 읽기 자료

평화적 행동과 실천을 몸의 움직임으로 체득하기

이 수업은 나와 타인의 평화적 관계 맺기를 몸으로 체득하게 하기 위한 활동이다. 나의 움직임에만 집중하는 것이 아니라 다른 사람과의 움직임을 파악하는 것이 평화로운 관계로 나아가는 첫 번째 일이다. 학생들이 자기의 움직임에 집중하는 것이 아니라 주변 환경과 다른 사람의 움직임 속에서 자기의 움직임을 조절하는 역량을 갖추게 되면 평화를 만들어 낼 수 있는 마음가짐을 갖게 되는 것이다. 이는 나만을 생각하는 것에서 벗어나 나의 움직임을 주변 환경에 따라 바꿀 수 있게 되는 것을 의미한다.

또한 움직이다가 다른 사람과 부딪치게 되는 경우 이런 일이 다시 생기지 않게 친구와 이야기 나누고, 친구와 새롭게 약속을 정하는 과정을 거친다. 이렇게 친구와 교류하는 과정을 배우고 익힌다면 그 자체로 평화를 만들어 내는 일이다. 이렇듯 움직임은 평화로운 관계맺기의 한 과정이며 이러한 과정을 거쳐 나의 움직임을 주변 환경과 어울리게 움직이는 것은 '평화 만들기'와 관련이 있다.

동그랗게 서기는 나의 위치를 다른 사람과 함께 인지하며 조정해 가는 과정을 가장 잘 보여주는 과제이다. 내가 움직이는 것이 정해져 있는 것이 아니라 끊임없이 주변과 상호작용하는 과정을 잘 보여주는 것이다. 다른 사람이 움직이면 내가 맞춰 움직인다는 간단한 규칙이 만들어지는 것이다.

이렇듯 자기를 조절하고 주변과 합의하는 과정은 결국 함께 살아가는 규칙을 만들어 가는 것과 같다. 무질서 속에서 질서를 만들어 내는 것은 평화롭게 지내기 위한 지혜를 모으는 것이고 함께 실천하는 과정이 되는 것이다.

요즘 들어 다양한 상황 속에서 새로운 질서를 만들어 내는 능력이 필요해지고 있다. 예컨대 코로나19(COVID-19)로 인해 감염병 위기가 심화되었을 때 한국과 국제사회는 사재기로 인한 무질서와 갈등으로 고통받아야 했다. 자신만의 생존을 위해 개인이 이기심을 가지고 행동하게 되면, 무질서와 갈등이 발생할 수밖에 없음을 세계사회는 감염병 확산과정에서 경험했다. 우리가 접해 보지 못한 다양한 무질서 상황에서 새로운 질서를 만들어 내는 것은 나만 생각하는 것이 아니라 다른 사람의 움직임을 파악해서 내 움직임을 만들어 내는 것에서부터 시작된다. 함께 합의해 나갈 수 있는 질서는 나만이 아니라 다른 사람과 함께 만들어 내야 한다.

이는 평화가 다른 이들로부터 주어지는 것이 아니라 내가 만들어 가는 과정임을 알고 그에 따라 행동하는 것이기 때문이다.

생태 평화 1 동물권 개념 이해와 실천

동물원에서 사는 동물들의 마음을 생각해 봅시다

학생들이 평소 동물을 접할 기회는 한정되어 있어 동물권 보호에 대해 깊이 고민할 기회 역시 제한되어 있습니다. 학생들이 동물을 인간과 마찬가지로 지구에 태어나 소중한 삶을 영위해 가야 할 권리가 있는 존재로 인식하고, 인간이 동물원을 운영하며 동물을 전시하는 과정에서 그 권리를 잃어가는 동물들의 삶에 대해 책임감을 갖도록 해야 할 것입니다. 학생들이 동물을 가까이서 만나게 되는 동물원의 운영 방식과 존속의 정당성에 대해 고민해 보도록 하고, 동물들이 행복하게 살아갈 수 있는 환경을 탐구해 보고 동물들의 마음을 깊이 이해해 보도록 하는 시간이 바로 미래 세대에서도 이어져야 할 동물권 보호가 시작되는 순간일 것입니다.

#동물권 #동물원의 역사 #조사 활동 #가면놀이

들어가기

이 수업에서는 학생들이 동물과 인간 사이의 평화적 관계 맺기의 중요성과 필요성에 대해 생각해 볼 수 있는 기회를 제공하고자 한다. 학생들이 흔히 접하는 동물원의 역사를 알고 동물원에서 사는 동물들의 삶에 대해 생각해 보면서 지금까지 인간이 동물과 함께 살아가는 방식이 어떠했는지 되돌아본다. 그리고 동물원에서 사는 동물들의 진짜 고향을 직접 조사해 본 뒤 동물의 입장에서 가면놀이를 하는 과정을 통해 동물원에서 사는 동물들의 마음을 깊이 이해해 보는 시간을 제공한다.

1차시에서는 먼저 ① 동물원에서 사는 동물을 본 경험 나누기 활동을 통해 동물원에서 사는 동물들을 보았던 경험에 대해 이야기를 나누어 본다. ② 동물원의 역사 알아보기 활동과 ③ 동물원에 대한 생각 나누기 활동에서는 이 세상에 동물원이 생기게 된 이유와 동물원이 어떤 모습으로 변화해 왔는지 알아보고, 동물원과 관련된 다양한 주제에 대해 의견을 나누어 본다. 이 활동을 통해 학생들은 동물과 함께 살아가는 방식 중 하나인 동물원 운영에 대한 문제의식을 가질 수 있다. 2차시에서는 ① 동물들의 진짜 고향을 조사해 보기 활동을 통해 동물원에서 사는 동물들이 동물원이 아닌 자연환경에서 살아간다면 어떤 환경에서 사는지 직접 조사해 본다. 마지막으로 ② 동물원에서 사는 동물 가면놀이 해보기 활동에서는 직접 조사한 동물의 입장이 되어 동물들이 어떤 이야기를 할지 상상해 보고 가면놀이를 하면서 동물들의 마음을 깊이 이해해 보도록 한다. 또한 인간이 환경을 파괴하는 행위는 여느 다른 동물들과 마찬가지로 '동물'인 인간들의 삶의 터전을 스스로 해치는 일이라는 사실을 알고, 인간과 동물들의 행복을 위해 인간이 기울여야 할 노력에 대해 생각할 기회를 제공한다.

수업 한눈에 보기

주제	동물원에서 사는 동물들의 마음을 이해하고, 가면놀이 해보기	
1차시	동물원의 역사를 알아보고, 동물원에 대한 생각을 나누어 보기	① 동물원에서 사는 동물을 본 경험 나누기
		② 동물원의 역사 알아보기
		③ 동물원에 대한 생각 나누기
2차시	동물들의 진짜 고향을 조사해 보고, 가면놀이 해보기	① 동물들의 진짜 고향을 조사해 보기
		② 동물원에서 사는 동물 가면놀이 해보기

1차시 ① 동물원에서 사는 동물을 본 경험 나누기

◆ 여러분은 동물원에 방문하거나 동물원에서 사는 동물들의 사진 또는 영상을 본 경험이 있습니까? 기억에 남는 동물이 있었습니까? 왜 기억에 남았습니까? 그 경험에 대해 글로 간단히 써 봅시다.

언제:

어디서:

기억에 남는 동물:

기억에 남는 이유:

언제:

어디서:

기억에 남는 동물:

기억에 남는 이유:

언제:

어디서:

기억에 남는 동물:

기억에 남는 이유:

◆ 동물원에 방문했을 때 또는 동물원에서 사는 동물들의 사진이나 영상을 보았을 때 어떤 느낌이나 생각이 들었는지 써 봅시다.

1차시 ② 동물원의 역사 알아보기

◆ 동물원은 어떻게 생기게 되었을까요? 동물원의 역사를 알아봅시다.

오스트리아 빈의 쇤브룬 동물원

세상에서 가장 오래된 동물원은 1752년 오스트리아의 황제 프란츠 1세가 왕비 마리아 테레지아를 위해 설립한 쇤브룬 동물원입니다. 아주 오래전부터 이집트, 중국, 인도, 그리스, 로마 등에서 왕과 귀족들은 야생동물을 우리에 가두어 자신의 권위와 부를 과시했습니다. 중세 유럽에서는 왕과 군주들 사이에서 동물 전시장을 만드는 것이 유행이었고, 전시된 동물들은 유럽의 식민지였던 아시아와 아프리카에서 잡아 온 것이었습니다.

왕과 군주만이 즐기던 취미인 동물 전시를 보고 싶어 하는 시민들을 위해, 1700년대에 영국에서 동물들을 작은 우리에 넣어 보여주는 이동식 동물 전시가 시작되었습니다. 미국에서는 동물들을 훈련해 공연하게 만드는 서커스를 함께 진행했습니다. 18세기 후반부터 동물 전시장이 개인만의 공간이 아닌 공공의 장소로 바뀌어 동물원, 동물 공원으로 변화하였습니다. 동물원은 점차 가족들의 나들이 장소가 되었고, 동물과 환경에 관한 교육과 연구가 진행되기도 하는 곳이 되었습니다.

◆ 다음 물음에 답해 봅시다.

❶ 세상에서 가장 오래된 동물원은 어떻게 생기게 되었나요?

❷ 동물원이 처음 생기고 난 뒤, 동물원에 방문한 사람들의 생각은 어땠을까요?

❸ 사람들은 왜 동물원에 방문하는 것일까요?

1차시 ③ 동물원에 대한 생각 나누기

◆ 우리 주변의 동물원에 대해 알아봅시다.

한국에는 총 몇 곳의 동물원이 있을까요?

2022년 12월 기준 남한에는 총 114곳의 동물원이 등록되어 있고, 5천 500여 종의 총 4만 9천여 마리에 가까운 동물들이 살고 있습니다.

동물원은 어떻게 운영·관리되고 있을까요?

2017년 제정된 「동물원 및 수족관의 관리에 관한 법률(이하 동물원수족관법)」이 시행되면서 동물원·수족관의 설립과 운영 근거가 마련되었고, 이에 따라 정부의 관리가 가능해졌습니다. 그러나, 2020년 동물복지문제연구소 '어웨어'에서 발표한 「공영동물원 실태조사 보고서」에 따르면 최근까지 전국 공영동물원 10곳에서 동물 서식환경과 관리 상태에서 많은 문제점이 발견되었습니다. 또한, 동물원의 가장 중요한 역할인 '보전'에 대한 연구는 공영동물원 중 서식지 외 보전기관으로 지정된 2개소에서만 이루어지고 있었습니다.

◆ 동물원과 관련된 다양한 주제에 대하여 자신의 생각을 적어 봅시다.

+ 최초의 동물원은 인간이 동물들을 전시하여 자신의 부와 권력을 과시할 목적으로 만들어지게 되었습니다. 과연 인간은 동물을 전시할 자격이 있을까요?

+ 원래의 땅에서 살지 못하는 동물들을 위해 동물원을 폐지하자고 주장하는 사람들이 있는 반면, 기후변화로 살 곳을 잃어 당장 갈 곳이 없는 동물들을 위해 동물원을 남겨두어야 한다는 의견도 있습니다. 여러분들은 어떻게 생각하나요? 만약 동물원이 필요한 순간이 있다면, 동물원의 모습은 어떻게 변화해야 할까요?

+ 동물원에 직접 가지 않고 사람들에게 동물과 생태에 대해 교육하고, 동물에 대한 소중함을 느끼게 만들 방법이 있을까요? 그 방법은 무엇일까요?

◆ 친구들과 함께 의견을 나누어 봅시다.

2차시 ① 동물들의 진짜 고향을 조사해 보기

◆ 동물원에서 살고 있는 동물들의 진짜 고향은 어디일까요? 조사해 보고 싶은 동물을 정하고 태블릿 PC를 이용해 직접 조사해 봅시다.

내가 조사한 동물은?	
진짜 고향은 어디인가요?	
고향의 기후와 환경은 어떤가요?	
동물은 어떤 특성을 지니고 있나요?	
그렇다면, 이 동물이 살기에 동물원의 환경은 어떠할까요?	

◆ 내가 조사한 동물들의 고향과 특성을 친구들에게 발표해 봅시다.

2차시 ② 동물원에서 사는 동물 가면놀이 해보기

◆ 내가 만약 동물원에서 살고 있는 동물이라면 어떤 마음이 들까요? 내가 조사한 동물의 입장이 되어 짝과 함께 가면놀이를 해봅시다.

가면놀이를 할 때는 어떤 점에 주의해야 할까요?

첫째, 가면의 주인공은 어떤 마음일지 생각하고 행동합니다.

둘째, 진지한 태도로 가면놀이에 참여합니다.

셋째, 다른 친구들의 가면놀이를 감상할 때엔 주의 깊게 경청합니다.

◆ 가면놀이에 쓸 동물 가면을 직접 만들어 봅시다.

동물 가면 만드는 법

1. 뒷면 활동지 뜯기 2. 귀, 부리 등 만들기 3. 가면에 끈과 귀, 부리 등을 고정하여 완성하기

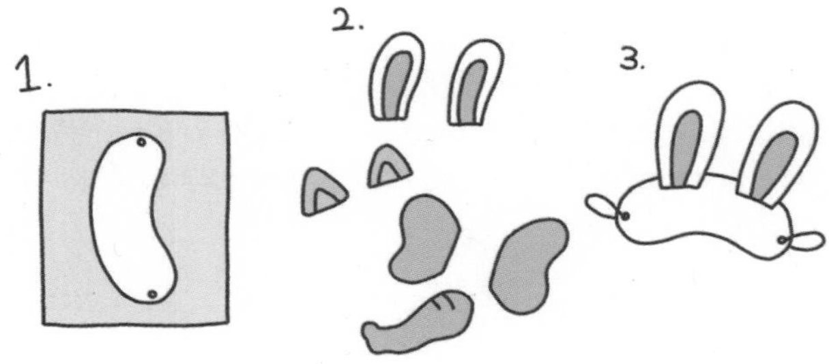

◆ 동물원에서 동물들이 겪을 수 있는 상황을 한 가지 선택하고, 과연 동물들은 어떤 이야기를 나눌지 상상하여 대사를 간단히 적어 봅시다.

+ 관광객이 몰리는 시간에 동물들이 나누는 대화

+ 관광객이 유리벽을 두드리며 큰 소리로 동물들을 부르고 있는 상황

+ 동물원에 새로운 동물이 들어와 동물들끼리 인사를 나누는 상황

+ ....

(동물원에서 일어날 수 있는 다양한 상황을 떠올려 적어 봅시다.)

+ 내가 맡은 동물: + 짝이 맡은 동물:

+ 선택한 상황:

+ 이러한 상황에서 나는 어떤 기분일까요? 어떤 말을 할까요?

◆ 친구들 앞에서 짝과 함께 가면놀이를 해봅시다.

◆ '동물원에서 사는 동물 가면놀이'에 참여한 소감을 나누어 봅시다.

◆ 동물원에서 사는 동물들의 마음을 다시 한번 떠올리며 다음 질문에 대한 나의 의견을 적어 봅시다.

1. 만약 인간이 계속해서 환경을 파괴하여 동물들이 살 곳을 잃어가는 상황이 계속된다면, 인간들의 삶은 어떻게 될까요? 인간은 파괴된 환경과 이상기후 속에서 살아갈 수 있는 존재일까요?

자연환경이 계속해서 파괴되면 인간은 ________ 것이다.

왜냐하면 ________

2. 지금까지 인간과 동물 사이의 관계에서 모든 결정과 선택은 오로지 인간만이 담당했지만 과연 인간에게 동물을 지배할 자격이 있을까요? 인간은 동물을 어떤 존재로 대해야 할지 여러분의 생각을 적어 봅시다. 그리고, 동물들의 행복한 삶을 위해 앞으로 나는 어떤 노력을 기울일 것인지 다짐을 적어 봅시다.

+ 인간은 동물을 어떤 존재로 대해야 할까요? ________

+ 앞으로의 나의 다짐 ________

인간에게 주어진 '인권', 동물에게 주어진 '동물권'

인간이라면 누구나 태어나는 순간부터 당연히 가지는 기본적 권리를 '인권'이라고 한다. 인종이나 성별, 국가, 나이, 장애 유무 등 그 어떤 것과도 상관 없이 존중받아야 할 권리를 뜻한다. 인간에게는 '인권'이 있듯이, 동물에게는 '동물권'이 있다. 1970년대 후반, 오스트레일리아의 철학자 피터 싱어(Peter Singer)는 "동물도 지각·감각 능력을 지니고 있으므로 보호받기 위한 도덕적 권리가 있다"며 '동물권'이라는 개념을 주장했다. 미국의 철학자 톰 레건(Tom Regan)도 '동물들은 자신의 삶의 주체이자, 존재 자체로서의 가치가 있으므로 존중받아야 한다'며 '동물권리론'을 주장했으며 이외에도 많은 철학자들은 더 나아가, 동물들이 생명을 가졌다는 사실만으로 존중받아야 한다고 주장하고 있다. 이 세상의 모든 동물들은 그들의 안전하고 자유로운 삶을 보장받을 권리가 있다. 그러나 동물을 인간의 소유물로 여기는 사람들에 의해 오랜 시간 많은 동물들은 동물권을 제대로 존중받지 못하고, 인간에 의한 환경 파괴로 인해 삶의 터전을 잃어왔다. 현재 세계적으로 동물권 보호에 대한 관심이 늘어가고 있으나, 여전히 많은 동물들은 지금 이 순간에도 동물권을 존중받지 못하는 삶을 살아가고 있다.

동물원에서 사는 동물들이 보이는 이상행동, '정형행동'

우리 속에서 사는 사자가 같은 자리를 계속 빙빙 돌면서 맴돌거나, 북극곰이 물속과 땅 위를 반복해서 나왔다가 들어오는 행동을 반복하는 등 동

물들에게서 관찰할 수 있는 강박이고 반복적인 행동을 '정형행동'이라고 한다. 동물들이 자신의 본능에 맞지 않는 비좁은 동물원에서 살면서 극심한 스트레스를 받아 나타나는 행동이다. 집 안에서 기르는 햄스터, 강아지 등의 동물들도 적절한 환경을 조성해 주지 못할 경우 정형행동을 보일 수 있다. 동물권에 대한 관심이 높아지면서 동물원의 환경을 야생과 비슷하게 개선해 나가는 동물원들이 많아지고 있지만, 최소한의 동물권조차 지켜지지 않는 열악한 동물원에서 살아가면서 정형행동을 보이는 동물들이 여전히 많이 있다.

4년마다 열리는 환경 올림픽이 있다고?, '세계자연보전총회 (WCC)'

세계자연보전총회(WCC)는 세계 최대 규모의 환경보호 국제기구인 '세계자연보전연맹(IUCN)'이 환경문제 해결을 위해 4년마다 주최하는 국제회의이다. 국제 경기대회인 올림픽처럼 4년에 한 번 개최되어 '환경올림픽'으로 불린다. 세계자연보전총회는 정부 기관과 국제비정부기구(NGO)가 함께 참여하는 유일한 환경문제 회의로, 자연보전을 위한 대책을 마련하고 회원국끼리 환경보호를 위한 정보를 교류하는 자리이다. 우리나라는 1966년 자연환경보전협회가 IUCN에 처음 가입한 뒤 2010년에 환경협력사무소를 설치하여 비무장지대(DMZ)의 보전과 평화적 이용 방안에 대해 논의했다. 이후 제주에서 2012년에 제5차 세계자연보전총회를 개최하여 '제주선언문'을 발표했고, 2015년과 2018년에 '세계리더스보전포럼'과 2022년 '세계IUCN리더스포럼'을 개최하였다.

함께 읽으면 좋은 책

『서로를 보다』, 글 윤여림, 그림 이유정, 낮은산 출판사

동물원의 철창과 유리벽을 사이에 두고 자신을 구경하고 있는 인간들을 바라보는 동물들의 마음은 어떨까? 인간만이 동물을 바라보고 있는 것이 아니라, 동물들 역시 인간을 바라보며 그들에게 하고 싶은 말이 있다. '나는 자유로운 네가 부러워.'

참고 자료 및 출처

인간에게 주어진 '인권', 동물에게 주어진 '동물권'

○ 네이버 두산백과 '톰 레건'

(terms.naver.com/entry.naver?docId=6515238&cid=40942&categoryId=34263) 참고

○ 네이버 두산백과 '동물권'

(terms.naver.com/entry.naver?docId=1179003&cid=40942&categoryId=31500) 참고

○ 네이버 시사상식사전 '동물권'

(terms.naver.com/entry.naver?docId=2838439&cid=43667&categoryId=43667) 참고

쇤브룬 동물원

○ 네이버 두산백과 '쇤브룬동물원'

(terms.naver.com/entry.naver?docId=1114982&cid=40942&categoryId=34596) 참고

○ 네이버 기관단체사전 '쇤브룬동물원'

(terms.naver.com/entry.naver?docId=812710&cid=43133&categoryId=43133) 참고

동물원의 역사

○ 양효진, 『동물복지 수의사의 동물 따라 세계 여행』, 책공장더불어, 2022.

○ 노정래, 『동물원에 동물이 없다면』, 도서출판 다른, 2019.

우리 주변의 동물원

○ 〈[기로의 동물원] ② 국내 동물원에 4만9천 마리…폐쇄가 답일까?〉, 《연합뉴스》, 2023. 05. 05.

(yna.co.kr/view/AKR20230504114700530?input=1195m) 참고

○ 「공영동물원 실태조사 보고서」, 《(사)동물복지문제연구소 어웨어》, 2020. 참고

동물 사진

○ 언플래쉬(unsplash.com)

정형행동

○ 네이버 생명과학대사전 '정형행동'

(terms.naver.com/entry.naver?docId=421963&cid=60261&categoryId=60261) 참고

세계자연보전총회

- 세계자연보전연맹 누리집 (iucn.org)
- 네이버 시사상식사전 '세계자연보전총회'

  (terms.naver.com/entry.naver?docId=1720768&cid=43667&categoryId=43667) 참고
- 네이버 기관단체사전 '세계자연보전연맹'

  (terms.naver.com/entry.naver?docId=813074&cid=43133&categoryId=43133) 참고
- 「2017 국립생태원 국제협력 공동연구」, 《생태연구본부 융합연구실 국제협력팀》 강성룡 외 10인, 2017. 참고
- 자연을 회복의 상태로…세계 리더들 제주에 모인다〉,《헤럴드경제》, 22.10.13.

  (news.heraldcorp.com/view.php?ud=20221013000151)참고

생태 평화 2 자연과 인간의 관계

우리는 서로 연결되어 있습니다

생태평화가 중요한 이유

여러분은 '평화'라고 하면 어떤 모습이 떠오릅니까? 평화란 그것을 생각하는 사람마다 존재마다 다 다르게 이름 지을 수 있는 만큼 그 내용이 아주 다양합니다. 그리고 사람뿐만 아니라 동식물을 포함한 자연에도 평화의 의미란 굉장히 중요하다고 생각합니다. 왜냐하면 지구별에 태어난 사람이나 자연은 서로 이웃하면서 영향을 미치는 소중한 존재이기 때문입니다. 이 글을 통해 지구별에 태어난 우리가 자연과 함께 어떻게 평화를 이루며 살아갈 수 있을지 생각해 보고 실천을 다짐하는 계기가 나타났으면 합니다.

#평화 #생태평화 #연결 #자연 #기후위기

들어가기

매년 여름은 점점 더워지고 있다. 기후변화는 이제 기후위기라는 이름으로도 불린다. 더운 지구에서 가뭄이 일상이 된 나라들이 있는가 하면, 홍수나 지속적인 산불, 폭염으로 인해 생존의 위협을 체감하는 나라들도 있다.

우리나라도 예외가 아니다. 기후변화로 인해 다수의 꿀벌이 사라져 버렸고 꽃피는 시기가 달랐던 꽃들이 비슷한 시기에 피기도 한다. 이러한 변화로 맛있는 과일을 가까운 미래에는 먹을 수 없을지도 모른다는 이야기도 나오고 있다.

휴전선 너머의 북한 역시 유엔에 제출한 국가보고서를 통해서 자연재해로 인한 피해가 매년 지속되고 있음을 밝히고 있다. 지구에 사는 생명체는 모두 연결되어 있다. 다른 나라나 북한의 자연재해에 영향을 미치는 기후변화가 대한민국에는 예외일 수 있을까?

기후변화가 미치는 영향은 자연에만 머물지 않는다. 기후변화가 위기가 되는 순간들을 이대로 방치한다면 인간에게 미칠 영향은 상상을 초월할 것이다. 기후위기가 만들어진 원인을 인간이 제공했듯이 그 위기를 기회로 만드는 방법도 인간이 만들어 갈 수 있으리라 생각한다. 지구 구성원들이 서로 어우러져 살아가는 방법을 배우고 실천할 때 진정한 생태평화가 이루어질 것이다. 바로 여러분과 함께 고민하고 행동한다면 더욱 그렇다.

1차시에서는 먼저 ① 숲에 대해 알아보기 활동을 한 후 ② 숲이 사라진다면? 활동을 한다. 숲의 여러 가지 이로움에 대해서 알아보고 숲을 왜 지켜야 하는지에 대해서 알아보는 것이다. 숲이 사라진다면 어떤 일들이 벌어질지 상상하고 그 결과가 나에게 미칠 영향에 대해 생각해 본다. 숲을 지키기 위해 내가 해야 할 행동과 하지 말아야 할 행동에 대해서도 생각해 볼 것이다.

2차시에서는 ① 생태평화란?, ② "우리는 서로 연결되어 있습니다" 활동하고 이야기 나누기, ③ 협력화 만들기 활동을 한다. 숲을 포함한 주변의 자연과 나의 관계를 살펴보고 서로 어떻게 연결되어 있는지 알아본다. '우리는 서로 연결되어 있습니다' 활동을 통해서 나 스스로가 자연이 되어본 소감과 나와 관계된 자연과의 관계가 끊어졌을 때의 느낌을 나눌 것이다. 1, 2차시의 활동을 통해 숲으로 대별되는 자연을 지키기 위한 우리 반 행동 규칙을 정하고 협력화도 만들어 본다. 이 수업을 통해 지구에 존재하는 모든 생명과 자연은 소중하며 나와 떨어질 수 없는 깊은 관계임을 이해하는 계기가 되었으면 한다.

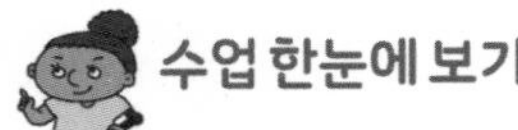

수업 한눈에 보기

주제	숲을 지키는 것이 나를 지키는 것임을 알고 생태평화를 위한 행동 정하기	
1차시	숲의 이로움 알기	① 숲에 대해 알아보기
		② 숲이 사라진다면?
2차시	숲과 나의 관계를 이해하고 생태평화를 이루기 위한 행동 정하기	① 생태평화란?
		② "우리는 서로 연결되어 있습니다" 활동하고 이야기 나누기
		③ 생태평화를 이루는 행동(협력화) 만들기

1차시 ① 숲에 대해 알아보기

◆ 다음 글을 읽고 질문에 답해 봅시다.

안녕! 나는 여러분이 살고 있는 행성, 지구야. 초록별이라고 부를 만큼 아름다운 바다와 숲을 가지고 있지. 내 나이가 훨씬 많지만 숲이 생겨난 지도 벌써 1억 년이나 되었어. 숲의 나무는 이산화탄소를 흡수해서 온실가스를 감소시키고, 숲의 토양은 빗물을 머금고 대기의 온도를 조절해서 급격한 기상변화를 줄여주기도 해. 가뭄이라도 들면 토양에 흡수되어 있던 물이 조금씩 밖으로 나와 서서히 땅을 적시지. 그리고 숲은 다양한 동식물의 보금자리이며 인간에게도 편안한 공간을 제공해 주는 고마운 곳이야.

제주의 곶자왈도 숲이야. 제주 방언인 '곶'은 숲을 뜻하고 '자왈'은 나무와 덩굴, 암석이 뒤섞인 덤불이라는 뜻이야. 특히 '숨골'이라는 구멍이 있어서 습도와 온도를 스스로 조절하여 곶자왈에 살고 있는 다양한 동식물이 건강하게 살아가도록 하지.

세계 곳곳에서 숲이 사라지고 있어. 집을 짓거나 가구나 종이를 만들 나무가 필요하다는 이유로 숲속의 나무들을 베어 내어 없애거나, 급속한 기후변화로 몇 달이나 계속되는 산불이 일어나 숲이 없어지기도 해. 이런 속도로 숲이 없어진다면 지구 온난화가 더 심해지고 홍수와 가뭄이 더 자주 일어날 거라고 해. 동식물이 살아갈 터전이 없어지는 건 불을 보듯 뻔하지. 그럼 인간은 어떻게 될까?

너는 숲을 지키기 위해서 어떤 계획을 가지고 있니?

1. 숲의 역할을 2가지 이상 써 봅시다.

2. 기후위기에 대응하는 방법으로서 숲의 중요한 역할은 무엇이라고 했나요?

3. 우리는 깨끗한 공기와 물을 마시고, 오염되지 않은 토양에서 자란 농작물을 먹으며 살아가기를 바랍니다. 기후위기에 대응하는 방법으로 숲 지키기에 동참한다면 나는 어떤 행동을 하면 좋을까요?

1차시 ② 숲이 사라진다면?

◆ 숲에서 볼 수 있는 자연에 대해 생각한 뒤 다음 물음에 답해 봅시다.

1. 숲에 가본 적이 있나요? 숲을 방문한 경험을 나누어 봅시다.

2. 숲에 사는 동식물이나 자연을 떠올려 보고 다음 빈칸을 채워 봅시다.

숲에 사는 동식물과 자연	숲이 사라진다면?

3. 숲을 훼손하는 행동에는 어떤 것이 있을까요?

4. 숲을 보호하는 행동에는 어떤 것이 있을까요?

2차시 ① 생태평화란?

◆ 내 주변에서 볼 수 있는 자연을 생각해 봅시다.

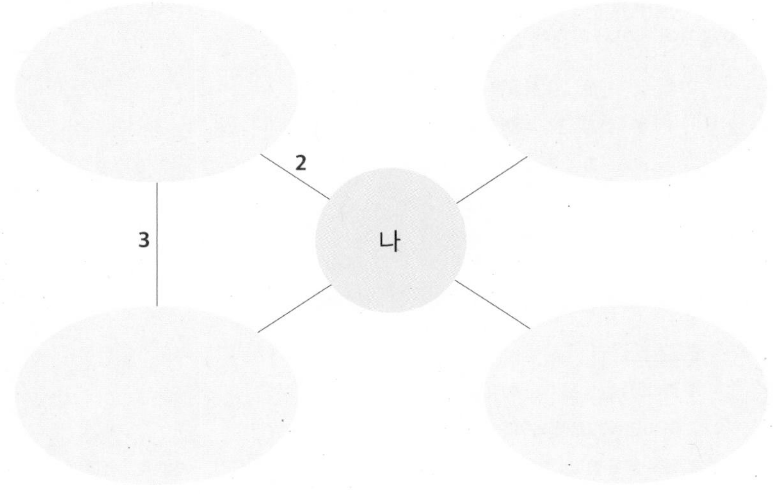

1. 내 주변에서 볼 수 있거나 소중하다고 생각하는 자연은 어떤 것이 있는지 말해 봅시다.

선생님 tip 선생님은 학생들이 발표하는 자연물들을 칠판에 적어서 동물, 식물 등으로 유목화합니다.

2. 1에서 발표한 자연과 나의 관계가 끊어진다면 어떤 일이 일어날까요?

3. 1에서 발표한 자연과 자연 사이의 관계가 끊어진다면 어떤 일이 일어날까요?

※ 생태평화란 무엇인지 사람마다 다 다르게 정의 내릴 수 있습니다. 그러나 중요한 것은 자연의 가치가 있는 그대로 유지되고 생명이 존중받는 상태를 인간과 함께 이루어 나가는 것이라고 할 수 있습니다. 더 자세한 내용은 〈읽기 자료 4.〉에서 만날 수 있습니다.

2차시 ② "우리는 서로 연결되어 있습니다" 활동하기

◆ "우리는 서로 연결되어 있습니다" 활동을 해 보고 이야기를 나누어 봅시다.

1. 내가 자연의 한 요소라고 생각하고 담당하고 싶은 것을 하나씩 생각하여 접착식 메모지나 이름표에 적어서 가슴에 붙입니다.

예시) 대기 - 산소, 이산화탄소

물 - 한강, 금강, 낙동강 등

토양 - 흙, 습지

동물 - 새, 곤충, 포유류, 파충류의 이름

식물 - 꽃 이름, 나무 이름

2. "우리는 서로 연결되어 있습니다" 활동을 해 봅시다.

활동방법

1. 준비물 : 털실 뭉치, 접착식 메모지
2. 8~10명씩 원을 만들어 둥글게 섭니다.
3. 털실 끝을 잡고, "안녕하세요~ ○○○입니다"라고 말하며 털실 뭉치를 주고 싶은 이에게 던집니다. (※ 실뭉치를 던질 때는 바닥에 떨어지지 않도록 위로 던집니다.)
4. 털실 뭉치를 받은 사람은 "감사합니다" 말하고, "안녕하세요 △△△입니다" 하며 또 다른 이의 눈을 마주 보며 전달합니다.
5. 털실 뭉치를 빠짐없이 돌린 다음, 교사는 가위를 준비합니다.
   예를 들어 '소나무'와 '물' 사이의 이어주는 털실을 가위로 자릅니다. 뒤이어 '참새'와 '바위'를 잇고 있는 털실도 자릅니다.
6. 이어진 털실이 모두 끊어지면 활동을 마치고 자리로 돌아갑니다.

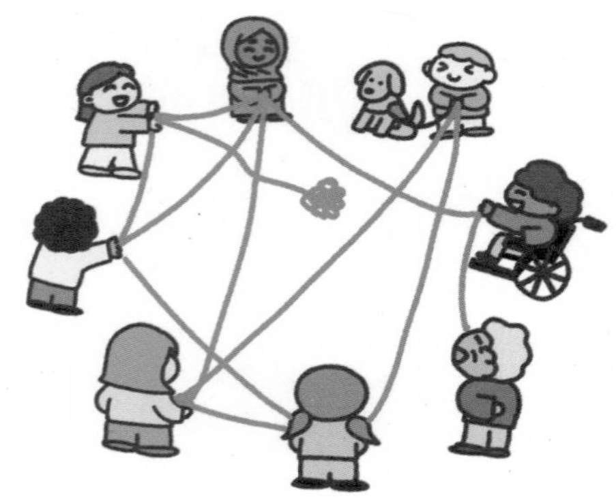

3. 활동을 하고 나서 서로 이야기를 나누어 봅시다.

1) 자연의 하나로써 인사를 나누어 본 소감은 어떤가요?

2) 나와 이어진 자연의 관계가 끊어졌을 때 어떤 생각이 들었나요?

3) 나와 자연, 모두가 평화롭게 살기 위해서는 어떤 마음(태도)이 필요할까요?

2차시 ③ 생태평화를 이루는 우리 반 행동 – 협력화 만들기

◆ 모둠별로 각자 생각하는 숲 지키기 행동 수칙을 정해서 협력화를 만들어 봅시다.

1. 숲을 지키기 위해 가장 중요하다고 생각하는 행동을 모둠원들과 토의합니다.

2. 모둠에서 정한 행동을 A4 용지에 크게 쓰고 글자 모양대로 오립니다.

3. 전지에 숲을 지키는 '행동'을 풀로 붙이고 손바닥에 물감을 묻혀 손도장을 찍습니다.

4. 오려 붙인 '행동' 종이를 떼어냅니다. 각 모둠별 행동 협력화를 칠판에 모두 붙이면 우리 반 숲 지키기 행동이 완성됩니다.

◆ 우리 반 협력화를 감상하며 이야기를 나누어 봅니다.

1. 숲을 지키는 행동과 생태평화의 관계에 대해서 짝과 이야기 나눕니다.

2. 협력화를 만들면서 느꼈던 점을 함께 나눕니다.

더! 알찬 수업을 만드는 읽기 자료

온실가스

온실가스는 대기 중에 장기간 체류하는 가스상의 물질로써 지구의 평균 기온을 14℃로 유지하는 데 중요한 역할을 한다. 지구에서 우주로 나가는 열을 대기 중에 잡아두게 되어 온실효과가 발생한다. 온실가스를 이루는 여러 기체 중에는 이산화탄소(CO_2)가 가장 대표적이며 화석에너지 사용과 시멘트 생산 등 인간 활동과 동·식물의 호흡 과정, 유기물의 부패, 화산활동 등 자연 활동으로 대기 중에 배출한다. 그리고 식물의 광합성 작용과 해양 흡수로 배출된 양의 약 60%가 제거되고 나머지 40%는 대기 중에 남아 농도가 증가한다.

출처: 국가기상위성센터의 '온실가스'
https://nmsc.kma.go.kr/homepage/html/base/cmm/selectPage.do?page=static.satllite.greenHouseGasTab

기후위기

지구의 기후변화는 지구의 탄생과 함께 늘 존재했다. 최근 들어 나타나는 급격한 기후변화를 기후위기라고 부르는 이유는 산업화(1850년~1900년)이전과 비교해 지구의 온도가 급격히 높아졌기 때문이다. 이를 지구 온난화라고 부르며 실제로 기후 과학자 97%가 동의하고 있다. 지구 온난화를 만들어 낸 가장 큰 원인은 인간이 사용하는 화석연료(석탄, 석유, 가스 등)로 발생한 탄소이다. 기후위기에 대응하기 위해서는 탄소 배출량을 줄이는 것이 중요하다.

탄소중립

지구온난화의 주범인 이산화탄소 배출을 제로(zero)로 만드는 것을 뜻한다. 인간이 배출한 탄소만큼 탄소를 제거해 기후위기에 대응한다는 뜻이다. 교토의정서(2005년 발효)에 의해 선진국들은 각자 배출할 수 있는 온실가스의 양을 정한다. 이를 기준으로 적게 배출하면 '잉여 배출권'이 생겨서 다른 국가에 팔 수 있는 '탄소배출권' 거래도 가능하게 되었다. 선진국만 참여했던 교토의정서와는 다르게 2015년 '파리협정'은 모든 국가가 참여하여 2050년까지 온실가스 배출량을 제로로 만드는 데 뜻을 함께하며 우리나라와 북한도 가입되어 있다.

생태평화란? (자연과 내가 맺는 평화로운 관계란 무엇일까요?)

인간은 자연의 일부라는 말을 가끔 듣는다. 그만큼 자연과 밀접한 관계가 있다는 뜻이다. 우리는 아침에 일어나 세수하고 물을 마시고 아침을 먹고 환한 햇빛을 맞으며 학교나 일터로 향한다. 주변의 나무와 숲이 만들어주는 산소를 마시며 걸어가는 길에 만나는 개나 고양이, 아름다운 자연들과 인사하기도 한다. 우리 주변의 모든 것이 자연이라고 할 수 있다.

예부터 우리나라는 사계절이 뚜렷한 아름다운 기후를 가지고 있었다. 계절이 바뀐다는 것을 몸으로 느낄 수 있었다. 그런데 몇 해 전부터 '사계절이 뚜렷'하다는 말은 쓸 수 없게 되었다. 봄과 가을이 짧아지고 여름은 더욱 더워지고 길어졌으며 꽃의 개화 시기는 이제 규칙적이지 않다. 왜 이렇게 되었을까? 우리는 이러한 기후변화가 지구 온난화 때문이며 그 중심에는 인간이 만들어 낸 이산화탄소가 주범이라는 것을 잘 알고 있다.

인간이 자연의 일부라면 우리는 자연에 대해 어떤 자세를 가져야 할까?

자연을 대표하는 숲은 우리에게 대가 없이 유익한 것들을 주고 있지만 인간은 그렇지 않을 때가 많다. 지금부터라도 나무와 숲을 살리고 보존하는 것이 곧 나와 내 삶의 터전을 살리는 것이 됨을 알고 그에 알맞은 행동을 하는 것이 필요하다. 주변의 나무를 소중하게 생각하고 나무 심기를 실천하는 것도 하나의 방법이 될 것이다.

작은 실천은 더 큰 앎과 연대로 나아갈 수 있다. 그리고 자연과 함께 인간의 평화도 이룰 가능성도 커진다. 제2차 세계대전의 결과로 동서로 갈라졌던 독일은 사람뿐 아니라 자연도 갈라졌던 역사가 있다. 갈라진 땅에는 지뢰와 같은 끔찍한 무기와 인간의 왕래를 감시하는 감시탑도 있었고, 벌어진 거리만큼 평화와 멀어졌다. 하지만 동서독 사람들이 화해하고 통일하는 과정에서 분단의 경계였던 숲은 평화롭고 생태적으로 온전한 숲으로 변할 수 있었다. 그 가운데 생명이 살아나고 교류하는 사람들의 마음에는 평화가 만들어졌다.

우리나라에도 갈라진 숲과 갈라진 마음들이 있다. 분단 70여 년이 넘도록 갈라져 있는 비무장지대(DMZ)가 그곳이다. 아직도 지뢰와 많은 무기들로 보이지 않는 전쟁을 하고 있는 비무장지대가 진정한 생명의 숲으로 바뀐다면 우리는 진정한 생태평화를 이룰 수 있을 것이다.

 독일 통일 30주년, 녹색평화지대 '그뤼네스 반트'	[FOREST IN DMZ] 2부 생명의 숲

함께 읽으면 좋은 책

『살아남은 세 개의 숲 이야기』, 글 공주영, 그림 공인영, 주니어태학

코스타리카의 숲과 그곳에 사는 동식물을 지키기 위해 활동한 스웨덴 어린이들. 기후위기를 조금이라도 늦추기 위해 나무 심기의 중요성을 알린 어린이들이 심은 100만 그루 이야기도 있다. 그리고 우리나라 제주도의 곶자왈을 지켜낸 어린이들의 이야기도 나온다. 나날이 심각해지는 기후변화를 걱정만 하기 전에 이 책에 나오는 어린이들처럼 기후위기 대응을 위해 무엇을 할 것인가 고민하고 행동하려는 학생들에게 추천한다.

함께 보면 좋은 동영상 자료

○ 반갑다, 곶자왈 친구들(제주 곶자왈 교육 애니메이션_제주특별자치도환경교육센터)

https://youtu.be/fb_RVeNomuQ

갈등해결과정 이해/ 갈등해결기술 익히기 1

성별(또는 젠더)이 다른 서로를 이해하고 갈등을 평화롭게 해결해 봅시다

“선생님, 여자애들이 그랬어요!” “선생님, 남자애들이 그랬어요!” 쉬는 시간, 선생님에게 쪼르르 달려가 재잘대는 아이들의 입에서는 이런 말들이 종종 들려옵니다. 사실 성별(또는 젠더)은 학생들을 구분하기 매우 간편한 기준입니다. “여자 한 줄, 남자 한 줄로 서세요.” “이번 시간은 여자팀과 남자팀으로 나눌 거예요.” 등등…. 이런 말들에 익숙해져 버려서인지, 학생들은 가끔, 정말로 여자와 남자가 서로 다른 팀에서, 다른 언어를 사용하고, 다른 생각을 하는 존재라고 착각하고는 합니다. 서먹한 우리의 사이를 화해하기 위해, 서로의 상황을 이해하는 것을 그 시작으로 삼아 봅시다.

#성별 #젠더 #관계회복 #평등

들어가기

한국 사회는 인간을 분류하는 하나의 특성으로 '성별(또는 젠더)'을 사용하고 있다. 현대 사회의 많은 사람이 이에 따라 서로를 내 편, 네 편으로 나누어 갈등을 빚고 있다. 이러한 갈등은 어른들뿐 아니라 아이들 사이에서도 일어나고 있다. '여자애들이 떠들어요!', '남자애들이 망가뜨렸어요!' 하는 등의 성별(또는 젠더)에 따른 무리 짓기와 일반화가 교실에서 심심치 않게 들린다. 이런 갈등은 대부분 '입장 바꿔 생각하기'가 이루어지지 않아서 발생하는 경우가 많다. 이 수업은 학생들이 서로 성별(또는 젠더)을 바꾼 이야기를 읽고, 역할극을 해 봄으로써 성별(또는 젠더)이라는 견고하면서도 편리한 구분 선을 모호하게 함에 목적이 있다. 특히 학생들이 성별(또는 젠더)에 집착해 개인의 가능성을 한계 짓지 않도록 그 문제점을 인지하게 하고자 한다.

1차시의 활동①에서는 성별(또는 젠더)에 대한 인식이 뒤바뀐 사회 살펴보기를 진행한다. 학생들은 이야기를 읽으며 상대 성별이 되어 보고 그들이 어떤 사고를 하게 되는지 입장을 바꾸어 생각해 보며 문제점을 인식한다. 활동②에서는 이야기 속 상황의 해결 방안을 토의한다. 모둠별로 토의한 후, 붙임 쪽지에 적게 하여 비슷한 것끼리 모아 정리해 우리 반의 해결방안을 만든다. 활동③에서는 성별(또는 젠더)에 따른 차별의 나쁜 점을 이야기한다. 학생들은 이를 개인적 수준과 사회적 수준에서 생각하며 특정한 기준으로 무언가를 한계 짓는 것이 왜 문제점이 되는지에 대해 심층적으로 이해한다.

2차시의 활동①에서는 생각 넓히기를 진행한다. 1차시에서 등장한 주인공의 심정을 보여주고, 그를 격려하는 말을 적으며 이를 내면화한다. 나아가 무엇인가를 구분하고 한계 짓는 것 자체의 문제점을 인식할 수 있도록 생각을 넓힌다. 활동②에서는 문제 상황의 대본 이어쓰기 활동을 한다. 학생들이 스스로 대본을 쓰며 바람직한 사회의 모습을 구현한다. 활동② 에서 쓴 대본을 바탕으로 활동③ 역할극을 한다. 이후 역할극 속의 모습과 현실 사회의 모습을 비교하며 '나는 어떤 마음가짐을 가져야 할지' 생각하고, 성별(또는 젠더)에 대한 편견과 고정관념을 넘어 서로에 대한 이해와 포용을 바탕으로, 함께 성장하는 사회를 지향하게 하는 학습을 하게 될 것이다.

수업 한눈에 보기

주제	성별(또는 젠더)이 다른 서로를 이해하고 갈등을 평화롭게 해결하기	
1차시	성별(또는 젠더)에 대한 인식이 바뀐 사회를 통해 입장 바꿔 생각해 보기	① 성별(또는 젠더)에 대한 인식이 뒤바뀐 사회 살펴보기
		② 이야기 속 상황 해결방안 토의하기
		③ 성별(또는 젠더)에 따른 차별의 나쁜 점 이야기하기
2차시	역할극을 통해 서로 다른 성별(또는 젠더)을 이해하기	① 생각 넓히기
		② 문제 상황의 대본 이어쓰기
		③ 역할극 하기

1차시 ① 성별에 대한 인식이 뒤바뀐 사회 살펴보기

◆ 다음 글을 읽고 질문에 답해 봅시다.

1. 다음은 성별(또는 젠더)에 대한 인식이 뒤바뀐 세상의 초등학생들입니다. 이야기를 읽어 봅시다.

준수 : 나는 커서 우주비행사가 되고 싶어.
예지 : 와, 우주비행사가 되고 싶다는 남자는 처음 봐. 보통은 여자들이 많이 하잖아.
태우 : 음, 얼마 전 최초의 남자 우주비행사가 나왔다는 기사를 본 것 같긴 해. 우주비행사가 되려면 수학과 과학을 잘해야 하는데 괜찮겠어?
민지 : 네가 하고 싶은 걸 하는 거지만…. 남자 몸으로 힘들지 않을까? 걱정돼서 그래.
준수 : 그, 그런가…?

이야기를 읽고 느낀 점을 적어 봅시다.

2. 1의 상황에서의 문제점과 그 이유를 모둠별로 적어 봅시다.

문제점	이유

1차시 ② 이야기 속 상황 해결방안 토의하기

◆ 이야기 속 상황의 해결방안을 토의해 봅시다.

1. 앞서 발견한 문제점을 해결하는 방안은 무엇이 있을지 적어 봅시다.

2. 1에서 적은 내용을 모둠별로 토의하고, 붙임 쪽지에 적어 칠판에 붙여 봅시다.

3. 붙임 쪽지를 이용해 정리한 우리 반의 해결방안을 적어 봅시다.

예시) 해결 방안 1. 1인 1역을 성별에 따라 제한하지 않는다.
'남자 역할', '여자 역할'이 정해져 있지 않으므로, 1인 1역을 하는 기준이 성별이 되어서는 안 된다.

1차시 ③ 성별(또는 젠더)에 따른 차별의 나쁜 점 이야기하기

◆ 성별(또는 젠더)에 따른 차별이 이루어졌을 때 나쁜 점을 이야기해 봅시다.

성별(또는 젠더)에 따라서 여자만 할 수 있는 일, 남자만 할 수 있는 일이 나뉘는 나라를 상상해 볼까요? 그런 나라에서 살 때 나쁜 점을 개인과 사회로 나누어 적어 봅시다.

1) 개인

모든 사람은 성별에 상관없는 기본적인 권리(인권)를 보장받아야 한다. 개인의 인권을 침해받을 수 있다.

직업을 선택할 때 제한된 선택지 중에서 고르게 되어서 원하지 않은 진로로 나아가게 될 수 있다. 등

2) 사회

고정 관념이 심해짐에 따라, 경직되고 자유가 제한된 사회가 될 수 있다.

모든 사람에게 평등한 기회가 주어져야 한다는 기회가 제한되어 정의롭지 못한 사회가 될 수 있다. 등

2차시 ① 생각 넓히기

◆ 준수에게 격려의 말을 적으며 자신의 생각을 정리해 봅시다.

1. 다음은 대화 이후 준수의 마음입니다.

> 우주비행사가 되려면 수학, 과학을 잘해야 한다고 들었어. 어른들은 남자보다 여자가 수학, 과학을 더 잘한다고들 하시는데…. 내가 공부를 잘할 수 있을까?
>
> 난 제일 훌륭한 우주비행사가 될 자신이 있었지만. 최초의 남자 우주비행사가 나왔다고 뉴스가 나올 정도인데, 내가 과연 우주비행사가 될 수 있을까?
>
> 친구들의 걱정을 들으니까 나도 불안해졌어. 정말 나에게 정해진 직업이 따로 있는 걸까?

준수를 격려하는 말을 써 봅시다.

2. 인종, 성별(또는 젠더), 종교 등에 따라 사람을 구별하는 사회의 문제점을 고려하여 내가 상상한 이상적인 사회의 모습을 글이나 그림으로 표현해 봅시다.

2차시 ② 문제 상황의 대본 이어쓰기

◆ 이전 활동에서 준수에게 하고 싶은 말을 떠올리며 문제 상황의 대본을 이어 써 봅시다.

1. 이전 활동에서 적은 준수를 격려하는 말을 떠올리며, 1차시 이야기 이후 상황의 대본을 작성해 봅시다.

대본 작성 시 유의 사항

1. 활동 1의 '준수의 마음'을 친구들이 듣게 되었다는 상황을 가정합니다.
2. 준수에게 해주고 싶은 말이 잘 드러나게 대본을 작성합니다.
3. 문제의 해결 방법이 잘 드러나게 대본을 작성합니다.
4. 진지한 태도로 작성합니다.

등장인물	
나의 역할	

2차시 ③ 역할극 하기

◆ 모둠별로 작성한 대본을 이용해 역할극을 해 봅시다.

1. 모둠별로 역할극을 해 봅시다.

2. 다른 모둠의 역할극을 보고 좋은 점, 인상 깊은 점을 작성해 봅시다.

모둠 이름	좋은 점	인상 깊은 점

3. 역할극을 돌아보며, 현실의 우리에게 해주고 싶은 말을 적어 봅시다.

더! 알찬 수업을 만드는 읽기 자료

젠더(gender)란?

생물학적인 성에 대비되는 사회적인 성을 이르는 말. 1995년 9월 5일 북경 제4차 여성 대회 정부 기구 회의에서 성별 대신 사용하기로 했다. 젠더는 남녀 간의 대등한 관계를 내포하며, 평등에 있어서도 모든 사회적인 동등함을 실현해야 한다는 의미가 함축되어 있다.[1]

젠더는 각 문화나 사회에서 여성과 남성에게 기대하는 행동, 역할 등에 따라 형성된다. 따라서 문화적, 사회적 배경에 따라 다양한 방식으로 해석될 수 있다. 얼마 전까지만 해도 한국에서는 남자는 일을 해서 돈을 벌어 오고, 여자는 집에서 청소와 빨래 등의 일을 해야 한다는 인식이 팽배했다. 그것이 그 당시 한국에서의 남성성, 여성성이었던 것이다. 하지만 짧은 시간 동안 그러한 인식이 희미해지고, 남자와 여자 모두 경제 활동을 하고 있다. 이렇듯 젠더는 당대의 사회, 문화에 따라 달라지며, 생물학적 성에 따른 성역할이 고정되어 있지 않음을 내포한다.

유리천장(Glass Ceiling)

유리천장은 고위직으로 진출하는 것을 가로막고 있는 보이지 않는 장벽을 뜻한다. (https://ko.dict.naver.com/#/search?query) 주로 여성의 사례가 많다. 콘크리트가 아닌 투명한 유리로 만들어져 있다는 뜻은, 제도적으로 눈에 보이는 뚜렷한 규제가 있지는 않지만, 사회의 인식 등의 눈에 보이지 않는 차

---

1 고려대 한국어대사전 (https://dic.daum.net/word/view.do?wordid=kkw000231182&supid=kku000294580)

별로 인해 더 이상의 고위직 진출을 할 수 없게 되는 상황을 말한다. 유리 천장에 가로막힌 여성은, 아무리 위로 올라가고자 노력해도 올라갈 수 없는 상태에서 결국 좌절하게 된다.

모든 조건이 동등한 상황에서 성별에 따라 고위직 진출의 여부가 달라지는 것은, 우리 사회의 다양성과 공정성을 해친다. 성별(또는 젠더), 장애, 인종 등의 특성이 차별의 요건이 되지 않는 사회가 이루어졌을 때 사람들은 저마다의 잠재성을 더욱 펼칠 수 있다.

갈등해결과정 이해/ 갈등해결기술 익히기 2

슬기로운 갈등 해결 방법을 알아보아요

이 단원은 학교에서 발생하는 다양한 '갈등 상황'을 중심에 두고 학생들이 친구들과 함께 슬기롭게 갈등을 해결하는 방법을 생각해 보고 나아가 학생들이 갈등을 평화롭게 해결하는 태도를 기르는 데 초점을 맞춥니다. 학교에서 발생하는 다양한 갈등 상황을 예상하고 이를 바탕으로 그 갈등 상황에서 나타나는 문제점과 해결 방안을 탐구합니다. 그리고 친구들과의 갈등을 슬기롭게 해결하기 위한 사과의 조건을 알아보고, 이를 바탕으로 자신들만의 사과법(The Sorry Act)을 만들고 선포하는 데 주안점을 두었습니다.

#평화로운 갈등해결 #진정한 사과 #학급갈등 #공리주의# 사과법

들어가기

매년 학생들은 학교폭력예방교육을 통해 친구들을 괴롭히면 생기는 학교폭력행위가 초래하는 부정적 결과와 누군가 자신을 괴롭히거나 괴롭힘을 당하는 친구를 목격했을 때의 대처 방법과 신고 절차를 자세히 배운다. 그러는 한편 아이들은 '친구사랑의 날'이 오면 아무 조건 없이 친구를 사랑하는 마음을 담아 친구들에게 바르고 고운말을 쓰고 칭찬을 해주는 활동에 참여하게 된다. 문제는 학생들이 정작 교실에서 학급 친구들 간의 다양한 요구와 이해관계, 필요, 가치가 충돌했을 때 어떻게 갈등 문제에 접근하고 해결하는 것이 현명한 방법인지 자세히 배우지 못하는 데 있다. 따라서 이 교과서에서는 학생들이 같은 반 친구들과 함께 여러 가지 '갈등상황'을 중심에 놓고 슬기롭게 갈등을 해결하는 방법을 모색해 보는 기회를 주고자 한다. 공리주의자들은 다수의 행복을 저해하는 요인으로 조악한 교육 수준과 개인의 이기심을 꼽았다. 평화롭게 갈등을 해결하는 본 차시가 학생들에게 양질의 교육을 제공하고 이기심에서 벗어나 도덕적으로 한 걸음 성장할 수 있는 발판이 되길 기대해 본다.

1차시에서는 활동① ○○초등학교에서 발생할 갈등 예상하기, 활동② ○○초등학교 친구의 고민 해결하기가 진행된다. 객관적인 시각으로 ○○초등학교의 주간학습 안내를 살펴보고 일어날 수 있는 갈등을 예상해 보고 평화로운 해결 방법을 찾아 보고자 한다. 이런 갈등 예상 활동에 이어서는 갈등해결에 어려움을 겪는 친구의 고민 편지를 읽고 답장을 해 본다. 학생들 간에 일어난 갈등상황은 외적인 제재보다 내적인 제재를 발현시켜 해결하는 것이 바람직하다. 진심으로 뉘우치는 반성, 그 반성에 수반되는 후회와 깨달음을 통해 새로운 갈등 상황을 슬기롭게 해결해 나갈 수 있는 원동력을 제공할 것이기 때문이다. 2차시에서는 ① 사과의 조건 알아보기, ② 사과법 만들고 선포하기 활동이 진행된다. 교실에서 생긴 갈등을 해결할 때는 관련된 친구들의 상황과 처지를 공평하게 고려하고 결과적으로 친구들이 모두 해피엔딩을 맞이할 수 있는 방법을 찾아야 한다는 두 가지 조건을 전제로 학급의 사과법을 만들어 보면 어떨까? 아울러 사랑하고 서로를 이롭게 해주는(묵자의 겸상애교상리) 사과법으로 매일 평화롭게 발전해 가는 학급을 학생들이 직접 만들어 보길 바란다.

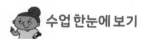

수업 한눈에 보기

주제	학교에서 발생하는 다양한 갈등 상황을 슬기롭고 평화롭게 해결하는 방법	
1차시	학교에서 발생하는 다양한 갈등 상황을 평화롭게 해결하기	① ○○초등학교에서 발생할 갈등 예상하기
		② ○○초등학교 친구의 고민 해결하기
2차시	친구들과의 갈등을 슬기롭게 해결하기 위한 사과법(The Sorry Act) 만들기	① 사과의 조건 알아보기
		② 사과법 만들고 선포하기

1차시 ① 학교에서 일어나는 다양한 갈등 해결하기

◆ 경험 나누기 - 학교생활을 하면서 친구와 의견이 어긋나 다툼이 일어난 경험을 발표해 봅시다.

1. 갈등이 일어나게 된 이유 : ______________________________

____

2. 갈등 해결 유무 : ______________________________

____

3. 갈등을 해결한 방법 : ______________________________

____

◆ ○○초등학교의 주간학습 안내를 보고 학생과 학생 사이에 일어날 수 있는 갈등을 생각해 봅시다.

	월 (1일)	화 (2일)	수 (3일)	목 (4일)	금 (5일)
1교시	과 학	체 육	국 어	영 어	국 어
	화산 모형 만들기 (과학실 실험)	**학년 체육대회**	심화 보충	라푼젤 영어 역할극 발표하기	4단원 수행평가
2교시	국 어		과 학	국 어	창 체
	사실에 대한 의견을 쓸 수 있다 (1/2)		텃밭교육 (학교 텃밭에 방울토마토 심기)	학급에서 일어난 일에 대해 의견이 드러나게 쓸 수 있다 (1/2)	친구 사랑의 날 친구에게 편지쓰기
3교시	국 어		수 학	국 어	수 학
	사실에 대한 의견을 쓸 수 있다 (1/2)		역량 쑥쑥! 수학 연구소	학급에서 일어난 일에 대해 의견이 드러나게 쓸 수 있다 (2/2)	각도 퀴즈대회 (누가 누가 각도를 잘 그릴까요?)
4교시	수 학	미 술	사 회	창 체	음 악
	배운 내용 확인 학습	체육대회 추억 그리기	[주제 정리] 공부한 내용을 확인해요 도전 사회 골든벨!	학교폭력 예방교육	리코더 2중주 합주하기 (1/2)

1. ○○초등학교의 주간학습 안내를 보고 학생 간에 일어날 수 있는 갈등을 예상하여 적어 봅시다.

과목		과목	
활동 내용		활동 내용	
갈등 종류		갈등 종류	
갈등 내용		갈등 내용	
과목		과목	
활동 내용		활동 내용	
갈등 종류		갈등 종류	
갈등 내용		갈등 내용	

2. ○○초등학교의 학생 간에 일어날 수 있는 갈등을 해결할 수 있는 방법을 친구들과 찾아 봅시다. (브레인 스토밍, 생각그물 그리기)

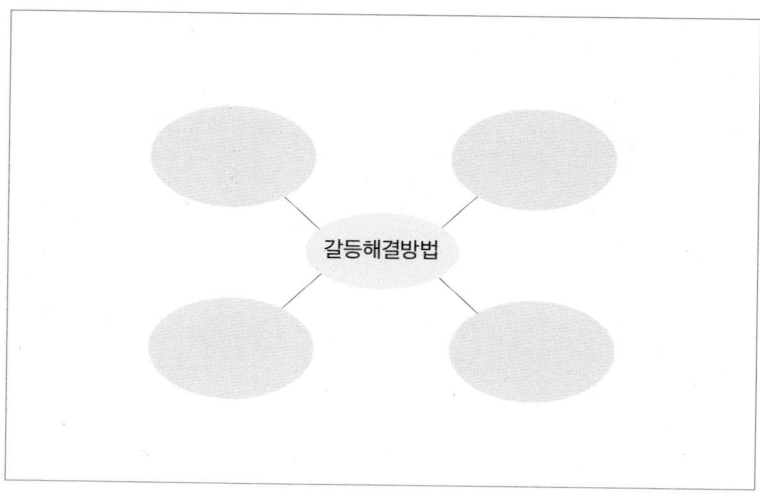

1차시 ② 갈등으로 어려움을 겪는 친구의 고민 해결하기

◆ 학급의 친구들과의 갈등으로 어려움을 겪고 있는 ○○초등학교 친구들의 사연을 읽어봅시다.

A. 나는 과학을 정말 좋아해! 그런데 과학실의 같은 모둠 친구인 까칠이가 실험을 방해해서 과학 시간이 싫어질 지경이야. 선생님께서 드라이아이스를 하나만 넣어야 화산모형 실험에 성공할 수 있다고 말씀하셨는데, 까칠이가 마음대로 두 개를 넣어서 우리 모둠이 힘들게 만든 화산 모형을 망가뜨렸어. 까칠이에게 하지 말라고 아무리 말해도 통하지 않아서 오늘은 나도 까칠이에게 소리를 질렀어.	B. 나는 원래 달리기가 느려. 달리기를 모든 친구들이 잘하는 것은 아니잖아? 체육대회 학급 계주 경기에서 최선을 다했지만 나 때문에 2반한테 역전을 당했어. 내 마음도 속상한데 버럭이가 나한테 와서 "굼벵이냐? 너 때문에 진 거 너도 알지?"라며 소리를 질렀어. "어쩔TV"라고 버럭이에게 말했더니 버럭이가 선생님께 일러바쳐서 반성문을 쓰게 되었어. 수학시간에 버럭이가 틀리면 나도 버럭이를 놀릴 거야.
C. 텃밭교육시간에 방울토마토를 심었는데 오늘 점심시간에 물을 주러 갔더니 내 '맛토'의 줄기가 꺾여 있는 거야. 방울토마토 열매가 생기면 엄마에게 선물하려고 했는데 정말 짜증 나. 친구들에게 누가 그랬는지 아냐고 물어보니 소심이가 그랬다고 하더라고. 소심이한테 가서 따졌는데 소심이는 죽어도 그런 적이 없다고 발뺌하잖아. 그럼 귀신이 내 맛토를 꺾은 걸까? 진실을 모르겠어서 잠도 안 와.	D. 오늘 영어시간에 영어 역할극을 연습했어. 우리 모둠에서 세 명이나 라푼젤을 하고 싶어서 공평하게 가위바위보를 했거든? 내가 라푼젤을 하기로 했는데 갑자기 슬픔이가 엉엉 우는 거야. 자기가 라푼젤을 하고 싶다고. 선생님께서 무슨 일이냐고 물어보셔서 그냥 나는 슬픔이에게 라푼젤을 하라고 말했어. 슬픔이가 자기가 원하는 것을 하고 싶을 때마다 엉엉 우는 것 때문에 슬픔이랑 같은 모둠이 하기 싫어.

◆ ○○초등학교 A,B,C,D 학생의 사연 중 하나를 골라 갈등을 슬기롭게 해결할 수 있는 구체적인 방법을 알려주는 편지를 써 봅시다.

2차시 ① ○○제과점의 고객 사과문 살펴보기

◆ ○○제과점의 고객 사과문에서 잘된 점 또는 잘못된 점을 찾아 평가해 봅시다.

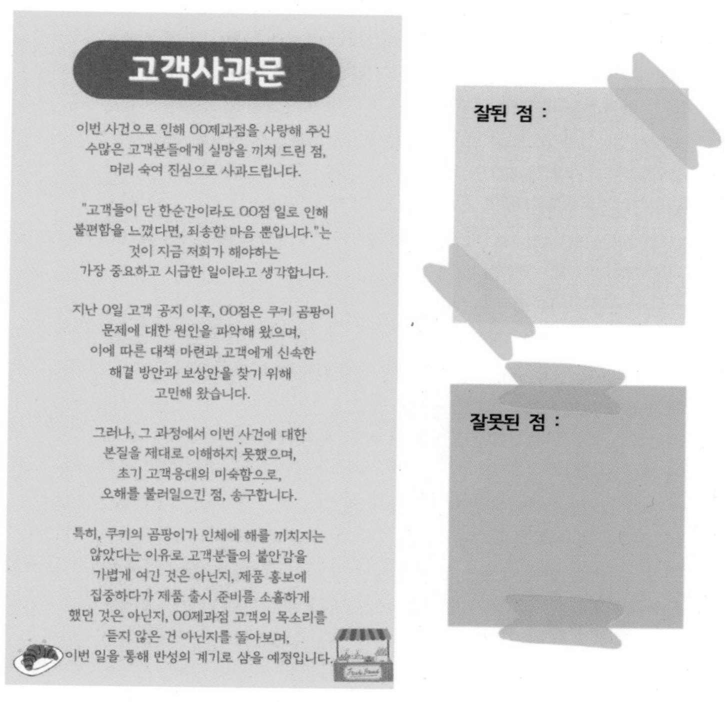

고객사과문
이번 사건으로 인해 OO제과점을 사랑해 주신 수많은 고객분들에게 실망을 끼쳐 드린 점, 머리 숙여 진심으로 사과드립니다.
"고객들이 단 한순간이라도 OO점 일로 인해 불편함을 느꼈다면, 죄송한 마음 뿐입니다."는 것이 지금 저희가 해야하는 가장 중요하고 시급한 일이라고 생각합니다.
지난 O일 고객 공지 이후, OO점은 쿠키 곰팡이 문제에 대한 원인을 파악해 왔으며, 이에 따른 대책 마련과 고객에게 신속한 해결 방안과 보상안을 찾기 위해 고민해 왔습니다.
그러나, 그 과정에서 이번 사건에 대한 본질을 제대로 이해하지 못했으며, 초기 고객응대의 미숙함으로, 오해를 불러일으킨 점, 송구합니다.
특히, 쿠키의 곰팡이가 인체에 해를 끼치지는 않았다는 이유로 고객분들의 불안감을 가볍게 여긴 것은 아닌지, 제품 홍보에 집중하다가 제품 출시 준비를 소홀하게 했던 것은 아닌지, OO제과점 고객의 목소리를 듣지 않은 건 아닌지를 돌아보며, 이번 일을 통해 반성의 계기로 삼을 예정입니다.
잘된 점 :
잘못된 점 :

1. 여러분이 ○○제과점의 고객이라면 ○○제과점의 공식 사과를 받을 수 있나요? 그 이유는 무엇인가요?

제가 OO 제과점의 고객이라면 사과를 (받아들이겠습니다 / 받아들이지 않겠습니다)

왜냐하면 .... 때문입니다.

2. 사과를 할 때에는 어떤 말을 해야 할까요? 또, 어떤 말은 하지 않아야 할까요?

♥ 사과를 할 때 해야 하는 말 : ....

♥ 사과를 할 때 하지 않아야 할 말 : ....

2차시 ② 우리 학급의 '사과법' 만들기

◆ 아래 글을 읽고 세계의 여러 가지 '사과법'에 대해 알아봅시다

세계 여러 나라의 법을 우리나라에는 없는 신기한 법률들이 많습니다. 오늘은 여러분에게 법률로 사과를 정해 놓은 '사과법'을 소개해 주려고 합니다. 사과법이란 갈등이 발생한 사람들 간 의사소통 과정에서 사과를 권유하여 화해와 분쟁을 조정하는 법입니다.

사과법은 1986년 미국 매사추세츠주에서 처음으로 제정되었고 이후 30개의 주에서 시행 중입니다. 하지만 사과법은 의료나 신체 상해의 범주와 관련된 민사소송[1]에만 제한적으로 적용됩니다. 미국과 달리 오스트레일리아의 경우 사과법의 범위가 대부분의 민사소송을 포함해서 매우 넓습니다. 캐나다 역시 대부분의 주에서 사과법이 시행 중이며, 사과를 할 경우 법적 증거 능력으로 인정됩니다.

아시아에도 사과법이 있습니다. 홍콩은 아시아에서 최초로 사과법을 제정했습니다. 법원에서는 갈등이 일어난 사람들에게 일정한 시기를 정해 사과하는 것을 제안하여 법적 분쟁을 해결하려고 노력합니다. 홍콩의 사과법에서 말하는 사과의 형식은 구두(말로 하는 사과) 또는 서면(편지)의 방식이고, 그 내용에는 공감, 후회하는 마음, 유감 표시 등이 있습니다. 사과를 이행하면 법정에서 피고인은 정상 참작[2]을 받을 수 있고 사과 행위자에게 유리한 판결을 내려 준다고 합니다.

우리나라는 사과법이 없지만, 진심 어린 말로 하는 사과의 중요성을 강조한 "한마디 말로 천 냥 빚을 갚는다"라는 속담이 있습니다. 진정성 있는 한마디 말은 사람의 생각과 마음을 움직이고 어려운 일을 극복할 수 있게 합니다. 이 속담처럼 교실에서 발생하는 여러 가지 갈등 문제를 평화롭게 극복할 수 있는 사과법을 친구들과 함께 만들어 보세요.

1. 민사소송 : 개인과 개인 사이에 일어나는 법적 권리나 이익 관계에 대한 다툼을 법원이 재판을 통해 법률적으로 해결하는 절차

2.정상 참작 : 범죄의 정상(가련한 상태)에 참작(적절히 고려함)할 만한 사유가 있다고 판단 되는 경우, 법원이 형을 가볍게 하는 것.

1. 세계 여러 나라에서 '사과법'을 만든 이유는 무엇인가요?

....

2. 홍콩의 '사과법'에서 알게 된 점 두 가지를 써 보세요.

1) ....

2) ....

3. "한마디 말로 천 냥 빚을 갚는다"라는 속담의 뜻과 교훈은 무엇인가요?

♥ 속담의 뜻 : ....

♥ 속담의 교훈 : ....

◆ 학급회의를 열어 우리 학급만의 특별한 '사과법'을 만들고 발표해 봅시다.

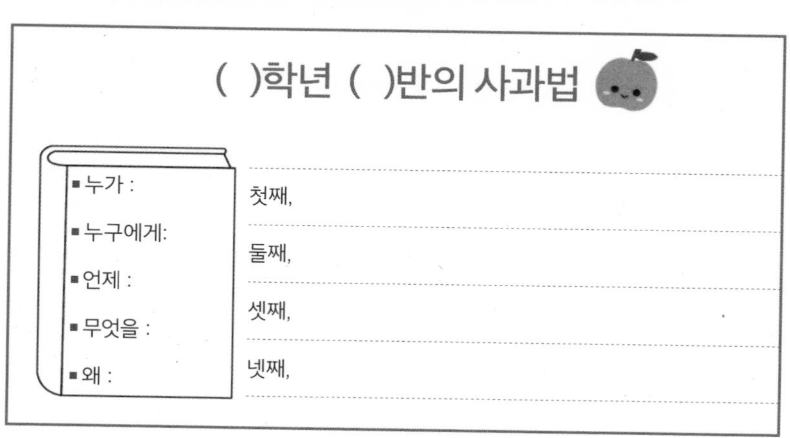

더! 알찬 수업을 만드는 읽기 자료

갈등 해결과 공리주의

존 스튜어트 밀은 공리주의 이론에서 행복은 행위자 자신만의 행복이 아니라 그와 관련된 모든 사람의 행복을 뜻한다고 말했다. 그는 여러 사람의 행복을 깨뜨리는 갈등을 제재하는 방법으로 유용성의 원리를 택했다. 유용성의 원리에 따르면 처벌에 대한 두려움, 보상에 대한 희망은 사람에게 도덕성의 원리를 따르도록 외적인 제재를 가한다. 또 도덕성을 저버려 많은 사람들의 행복을 망쳤을 때 사람이 느끼는 양심의 가책과 후회는 내적인 제재를 유발한다. 학생들은 친구들 간에 갈등 상황이 발생하면 처음에는 외적인 제재에 의지해 고군분투한다. 학급에서 학생들이 하는 고자질의 대부분은 학생들 사이의 갈등에 교사가 개입해 외적인 제재를 가해 달라는 내용이다. 하지만 내적인 제재가 없다면 학생 간 갈등 문제를 근본적으로 해결할 수 없을 것이다. 자신의 잘못에 대한 진정한 반성이 없다면 갈등 문제를 극복하여 친구들과 함께 성장하기 어렵기 때문이다.

묵자는 겸상애 교상리, 즉 겸애의 결과는 이로움(利)이라 하였다. 묵자가 말하는 사랑은 관념적 사랑이나 도덕적 감정이 아닌 공정성의 원칙을 바탕으로 한 사랑이다. 즉, 묵자는 모든 대상을 아울러 공평하게 고려하는 보편주의와 모두의 이익을 최대로 고려하는 유용성의 원리를 정합적으로 바라보고자 하였다. 그는 천하 혼란의 원인은 서로 사랑하지 않음(불상애)과 차별하는 사랑(별애)이라 비판했다. 오늘날 묵자가 교실 혼란을 목격했다면 그 원인을 친구들끼리 서로 사랑하지 않음과 차별하는 사랑이라 평가할 것이다.

돈으로 '갈등 해결'을 할 수 있을까?

『노잣돈 갚기 프로젝트』, 글 김진희, 그림 손지희, 문학동네

동화 『노잣돈 갚기 프로젝트』는 돈을 가장 중요한 가치로 여기는 주인공이 우연히 간 저승에서 이승으로 돌아올 때 빌린 노잣돈을 갚으며 친구들과의 여러 가지 갈등을 해결해 나가는 이야기이다. 이 책은 주인공이 친구를 괴롭히며 한 '장난'은 결코 돈으로 갚을 수 없기 때문에 친구에게 제대로 사과하고 반성하는 태도와 친구와 함께 나아가는 우정이 필요하다는 교훈을 담고 있다. 이 책을 학생들과 함께 읽고 '자신이 저지른 잘못을 돈으로 보상할 수 있는가?'를 주제로 독서토론을 해 보면 어떨까?

[노잣돈 갚기 프로젝트 독서 토론 양식]

<독서토론 주제> 자신이 저지른 잘못을 돈으로 보상할 수 있는가?	
매우 반대 — 반대 — 찬성 — 매우 찬성	
나의 입장	
나의 근거1	
예상 반론 :	
나의 근거2	
예상 반론 :	
상대방의 입장	
상대방의 근거1	
나의 반론 :	
상대방의 근거2	
나의 반론 :	
나의 최종 입장	
독서토론 내용을 바탕으로 동무에게 하고 싶은 말	

군축교육

무기는 꼭 필요한가요?
무기의 필요성에 대해 생각해 봅시다

여러분은 장난감 총을 사용한 놀이, 전쟁 게임을 한 경험 혹은 인터넷이나 다른 매체를 통해서 전쟁, 무기, 폭력 등을 접해본 적이 있을 것입니다. 어린이들은 일상생활 속에서 폭력과 무기와 관련한 수많은 것들에 직간접적으로 노출되어 있습니다.

'게임인데 뭘', '장난감인데 뭘', '뉴스에 나오는 일은 나의 일이 아닌데' 등과 같은 생각으로 폭력과 무기에 대해 대수롭지 않게 여기고 살아왔을지도 모르지만, 이러한 것들이 1년, 5년, 10년 후 나의 성장과 우리 사회의 미래에 어떤 영향을 미칠지에 대해 고민해볼 필요가 있습니다. 우리의 평화로운 일상과 미래를 위해 폭력과 무기에 대해 다시 한번 생각해 보는 시간을 가져 봅시다.

#장난감 무기 #무기 #폭력 #평화로운 일상과 미래를 위해

들어가기

많은 어린이가 여러 매체를 통해 전쟁과 폭력, 무기에 쉽게 노출되고 있다. 온라인으로 전쟁 게임을 하고, 전쟁 무기를 본떠서 만든 장난감 무기를 가지고 놀기도 한다. 무기는 전쟁에 사용되는 도구를 통칭하며, 총은 목표물을 타격하는 무기다. 매체를 통해 전쟁에 대해 습득하게 되는 것도 문제이지만, 장난감 무기는 아이들이 장난감이라고 할지라도 무기를 스스로 다루어 보고 누군가를 향해 무기를 겨누며 논다는 점에서 그 심각성의 정도는 높다. 무기와 폭력에 대한 경각심이 낮아지는 이때, 장난감 무기를 통해 아이들이 폭력과 무기 사용의 심각성을 토론하고 나아가 장기적으로 무기의 폭력성이 나에게 미칠 영향과 이 세상에 무기가 필요한가에 대해 생각하는 계기가 되길 바란다.

1차시 활동①은 일상생활에서 무기와 관련된 경험 나누기이다. 내가 직접 접해본 무기나 일상생활의 다양한 상황에서 직간접적으로 겪었던 무기와 관련된 경험 등 무기에 관한 나의 경험을 이야기해 보며 우리의 일상에 만연해 있는 직접적인 폭력에 대해 생각해 본다. 활동②에서는 장난감 무기에 대해 찬반 토론을 진행한다. 장난감 무기를 가지고 노는 것의 장단점, 장난감 무기를 가지고 놀지 않는 것의 장단점과 장난감 무기가 10년 후의 나에게 미칠 영향을 생각해 보는 과정에서 장난감 무기의 잠재적 폭력성을 인지한다. 2차시에서는 장난감 무기에서 나아가 실제 무기가 이 세상에 필요할까에 관한 고민을 해 본다. 활동① 무기의 필요성 토론에서는 이 세상에 무기가 필요한가에 대해 간단하게 나의 의견 정리 활동을 진행한다. ②와 ③의 활동은 무기 없는 세상의 상상이다. 앞의 토론을 통해 무기가 없는 세상이 어떤 모습일지 상상해 본다. 여러 차원에서 발생하는 갈등이 무기 없이 과연 어떻게 해결될 것인가 등에 대해 상상해 보며 학생은 지금은 '상상'하고 있지만 앞으로는 '현실'이 되어야 할 평화로운 세상을 그려보게 될 것이다.

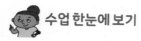

수업 한눈에 보기

주제	무기의 필요성에 대해 생각해 보기	
1차시	무기에 대한 경험을 나누고 장난감 무기 찬반 토론하기	① 일상생활에서 무기와 관련된 경험 나누기
		② 장난감 무기에 대한 찬반 토론
2차시	무기 없는 세상 상상해 보기	① 무기의 필요성에 대해 생각해 보기
		② 무기가 없다면…?
		③ 무기 없는 세상을 그려 보기

1차시 ① 일상생활에서 무기와 관련된 경험 나누기

◆ 무기에 관한 나의 경험을 떠올려 봅시다.

1. 나는 무기를 접하거나 사용해 본 적이 있나요?

2. 일상생활에서 무기와 관련된 경험을 나누어 봅시다.

모바일, 컴퓨터 게임 속의 무기	영화, 드라마 등에 등장하는 무기
뉴스, 신문 등에서 본 무기	( )

1차시 ② 장난감 무기 찬반 토론

◆ 장난감 무기를 사용하여 놀이하는 것의 장단점을 파악해 봅시다.

1. 장난감 무기를 가지고 노는 것의 장단점을 생각해 봅시다.

1) ....

2) ....

2. 장난감 무기를 가지고 놀지 않는 것의 장단점을 생각해 봅시다.

1) ....

2) ....

3. 1, 2의 상황이 10년 후에 나에게 미칠 영향을 생각해 봅시다.

어렸을 때부터 장난감 무기를 갖고 놀았을 경우	
어렸을 때부터 장난감 무기를 가지고 놀지 않았을 경우	

◆ 학급 친구들과 장난감 무기를 사용하여 놀이하는 것에 대한 찬반 토론을 해 봅시다.

(토론의 승패를 가리는 것이 아니라, 자신의 입장에 대한 근거를 제시하며 자유롭게 이야기해 봅시다.)

나의 입장	장난감 무기를 사용하여 놀이하는 것에 (찬성 / 반대)한다.
근거	

2차시 ① 무기의 필요성 생각해 보기

◆ 이 세상에 무기는 필요할까요? 생각을 정리해 봅시다.

1. '장난감 무기 찬반 토론' 활동을 하고 새롭게 알게 된 점 또는 느낀 점을 나누어 봅시다.

2. 무기의 필요성에 대한 나의 의견을 간단히 글로 써 봅시다.

나는 무기가 (필요 있다 / 필요 없다)고 생각한다. 왜냐하면

2차시 ② 무기가 없다면…?

◆ 이 세상에 어떠한 무기(장난감 무기 포함)도 없다면, 어떤 모습일지 상상해 봅시다.

〈만약에 무기가 없다면〉

만약에 무기가 없다면 세계 곳곳에서 발생하는 갈등 상황이 어떻게 변화할까요?
폭력이 없는 세상에서 사람들은 어떻게 갈등을 해결해 나갈까요?
그리고 무기가 없는 일상은 어떻게 변화할까요?
제시된 상황 중 한 가지를 골라, 무기가 없다면 어떤 모습일지 상상하여 글로 써 봅시다.

<상황 1>	학교에서 친구와 의견충돌이 일어나 갈등이 심각해진 상황
<상황 2>	국경이 맞닿아 있는 A 나라와 B 나라에서 각 나라의 국민이 허가 없이 서로의 나라에 침범하는 일이 발생하여 외교적 갈등이 심해진 상황
<상황 3>	총기 사용이 금지된 미국에서 학생들의 일상생활

2차시 ③ 무기 없는 세상을 그려 보기

◆ 이 세상에 어떠한 무기(장난감 무기 포함)도 없다면, 어떤 모습일지 상상해 봅시다.

〈무기 없는 세상 상상해 보기〉

1. 이 세상에 어떠한 종류의 무기와 폭력이 없다면 어떤 모습일지 상상합니다.
2. 상상하여 표현하는 방식은 토의하기, 글쓰기, 그림 그리기, 만화 그리기, 역할 놀이 등 다양한 활동 방식 중 선택하여 진행합니다.

더! 알찬 수업을 만드는 읽기 자료

알자스-로렌 지방

알자스-로렌 지방은 프랑스와 독일 사이에 위치한 프랑스의 행정구역이다. 2차시 활동②의 〈상황2〉처럼 서로 국경을 맞대고 있어 각 나라의 국민이 서로의 나라를 드나들어 국가적 갈등이 발생하는 대표적인 곳이 알자스-로렌 지방이다. 알자스-로렌은 프랑스와 독일 사이의 주요 분쟁지역이었다. 1871년 독일제국이 병합했다가, 제1차 세계대전 직후 잠시 독립국으로 있다가 1919년 베르사유 조약으로 프랑스 영토가 되었다. 1940년 나치 독일에 의해 다시 합병되었으나 1945년 제2차 세계대전이 끝난 후 프랑스에 되돌아가서 현재에 이른다.

복잡한 갈등의 역사 중에서 알자스-로렌 지역에서 1870~1871년에 벌어졌던 프로이센-프랑스 전쟁을 배경으로 한 작품이 바로 프랑스 작가 알퐁스 도데의 소설 '마지막 수업'(1871)이다. 프랑스 알자스에 사는 소년 프란츠가 학교에서 프랑스가 전쟁에서 패배하자 프랑스어로 하는 마지막 수업을 받는 이야기를 줄거리로 하고 있다. 주인공 이름 '프란츠'는 독일식 이름인데(프랑스식은 '프랑수아') 당시 알자스 지역 사람들은 대부분 독일식 이름을 사용하였다는 점에서 이 지역에서 프랑스와 독일 시민들이 오랫동안 함께 살아가고 있었다는 것을 알 수 있다.

현재 알자스-로렌 지역 시민들은 독일로 출근하고 프랑스로 퇴근하며, 프랑스에 살지만 독일로 장을 보러 가는 등 국경을 넘나들며 함께 생활하고 있다. 오랜 세월 분쟁지역이었던 알자스-로렌 지역은 사실 과거와 현재 모두 국적과 상관없이 사람들이 함께 살아가는 공간이다. 전쟁과 폭력 없이 평화롭게 함께 살아갈 수 있는 지구를 위해 우리가 앞으로 살아가야 하는 세상은 어떻게 변화해야 하는지 고민해 볼 필요가 있다.

*참고 영상: https://youtu.be/xk8Ec6UYYY4
[Cross the line] 선을 넘는 녀석들 - French buildings 20180511, MBCentertainment
(프랑스 스트라스부르-독일 켈 국경을 넘는 내용을 담은 'MBC 예능 <선을 넘는 녀석들> 8화' 요약)

인권의 실현

안전한 세상에서 살고 싶어요

사람은 누구나 안전하게 살아가길 원합니다. 안전한 세상은 어떤 모습이어야 할까요? 우리가 안전한 세상에서 살아가기 위해 필요한 것은 무엇일까요?

이번 시간에는 안전하지 못한 상황으로 인해 사람들이 느꼈던 고통에 대해 활동을 통해 공감해 보고, 안전한 세상을 위해 필요한 것들에 대해 생각해 보는 시간을 갖고자 합니다.

우리 어린이의 눈으로 안전한 세상을 상상해 보고 세상을 향해 우리 어린이들의 목소리를 활동에 담아 표현해 봅시다.

#안전 #사회적참사 #공감 #교육연극

들어가기

사람은 누구나 안전한 세상에서 살아갈 권리를 가지고 있다. 우리가 살아가는 세상이 좀 더 안전한 곳이 되기 위해서는 어떤 것들이 갖추어져야 할까?

이번 '안전한 세상에서 살고 싶어요' 단원에서는 교실과 학교, 또 우리 사회에서 안전과 관련하여 일어났던 일들을 살펴보고, 우리가 살고 싶은 안전한 세상을 상상하고 필요한 것들을 떠올리는 활동들을 해 볼 수 있도록 하였다.

1차시에서는 안전에 대한 자료를 통해 ① 그림으로 살펴보기, ② 조각상 만들기, ③ 가상 영상 편지 띄우기 등의 활동을 진행한다. 교실과 학교, 또 우리 사회에서 안전과 관련하여 일어났던 일들을 떠올려 보고 피해를 당한 사람들에게 공감하는 활동으로 구성한 것이다. 이후 조각상 만들기 활동을 통하여 상황으로 들어가 피해자의 상황과 마음을 느껴보는 활동을 한다.

2차시는 ① 안전한 세상을 위해 필요한 것은? ② 안전한 세상을 상상해요! ③ 우리들의 외침! 등의 활동으로 진행한다. '안전한 세상을 위해 필요한 것은 무엇일까?'에 대해 이야기해 보고 내가 살아갈 안전한 세상을 상상해 보는 활동과 세상을 향해 우리가 안전하게 살기 위해 필요한 것들을 요구해 보는 활동으로 구성하였다. 먼저 거꾸로 생각하기를 통해 안전하지 못한 세상에 있는 것들을 떠올려 보고, 그를 통해 안전한 세상에 필요한 것들을 찾아본다. 그것을 활용하여 안전한 세상 꾸미기 활동을 한다. 이어 구체적인 바람을 담아 현수막을 만들어 보며 전체 활동을 마무리한다.

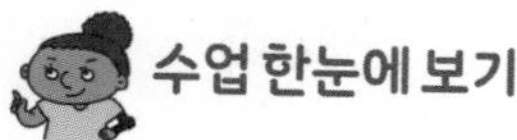

수업 한눈에 보기

주제	안전한 세상에서 살고 싶어요	
1차시	안전과 관련하여 일어났던 일들을 활동을 통하여 생각해 보고 희생자에게 공감하기	① 그림으로 살펴보기
		② 조각상 만들기 활동
		③ 가상 영상 편지 띄우기
2차시	안전한 세상을 상상하기	① 안전한 세상을 위해 필요한 것은?
		② 안전한 세상을 상상해요!
		③ 우리들의 외침!

1차시 ① 그림으로 살펴보기

◆ 다음 그림을 보고 이야기를 나눠 봅시다.

1. 네 개의 그림은 무슨 상황을 보여주고 있을까요?

2. 내가 알고 있는 비슷한 상황들이 또 있나요? 이야기를 나눠 봅시다.

1차시 ② 조각상 만들기 활동

◆ 상황을 상상하며 '조각상 만들기' 활동을 해 봅시다.

1. 모둠 친구들과 표현할 장면을 정합니다. 모든 장면이 고르게 표현될 수 있도록 모둠별로 고르게 나눠서 표현합니다.

2. 모둠 친구들과 함께 장면을 조각상으로 만들어 보세요.

조각상 만들기 활동 방법

1. 조각가를 한 명 정합니다.
2. 조각가는 모둠 친구들을 한 명씩 공간에 배치하며 조각상으로 표현합니다.
3. 표현된 조각상은 잠시 동작을 조각상처럼 멈춘 상태로 그 해당 인물(사물)의 마음을 상상해 봅니다.
4. 조각상이 완성된 상태에서 선생님이 손으로 가볍게 터치하면 그 인물의 속마음을 상상하며 말로 표현합니다.

*조각가를 정하지 않고 모둠 구성원이 함께 의논하여 조각상을 만들어도 좋습니다.

대기근 조형물 [아일랜드 더블린]

3. 희생자들의 속마음을 듣고 난 다음 어떤 생각이 들었나요?

4. 희생자 가족들은 어떤 마음이었을까요? 그 이후 그들은 어떤 어려움들을 겪었을까요?

1차시 ③ 가상 영상 편지 띄우기

◆ 내가 희생자라면 어떤 말을 하고 싶을까요?

1. 내가 표현했던 상황의 '희생자'라면 어떤 말을 하고 싶을까요? 상황 하나를 골라 희생자의 마음을 상상하며 친구들에게, 가족들에게, 어른들에게 하고 싶은 말을 생각해 보고 편지를 써 봅시다.

2. 잔잔한 배경음악을 틀고 자신이 적은 편지를 희생자의 마음을 떠올리며 친구들 앞에서 읽어봅시다.

3. 친구들의 발표를 듣고 희생자에게 해주고 싶은 말이 있다면 돌아가며 이야기해 줍시다.

◆ 느낌 나누기

1. 오늘 활동을 하고 나서 느낀 점을 나눠 봅시다.

2차시 ① 안전한 세상을 위해 필요한 것은?

◆ 거꾸로 생각해 보기

1. 우리는 어떨 때 안전하지 못하다고 느끼나요? (상황, 말, 행동, 느낌 등) 아래 표에 자유롭게 적어봅시다.

가정	
교실, 학교	
학교 밖	

2. 모둠 친구들과 함께 이야기 나누며 '우리의 안전을 방해하는 것들'을 정리해 봅시다.

2차시 ② 안전한 세상을 상상해요!

◆ 안전한 세상을 상상하며 꾸미기 활동을 해 봅시다.

1. 모둠 친구들과 함께 우리가 표현하고자 하는 장소를 도화지에 먼저 그립니다.

2. 그곳에서 우리가 함께 안전하게 살기 위해 필요한 것들을 자유롭게 담아 표현해 봅시다. 그림으로 표현해도 좋고, 그림으로 표현하기 어려운 경우 낱말을 활용해서 표현해도 좋습니다.

3. 친구들의 작품을 감상하며 안전한 세상을 위해 필요한 것들 나눠 봅시다.

2차시 ③ 우리들의 외침!

◆ 안전한 세상에서 살고 싶은 우리의 바람을 담아 현수막으로 만들어 봅시다.

1. 우리가 안전한 세상에서 살기 위해서 어른들이 어떤 것들을 해주면 좋을까요? 어른들에게 요구하고 싶은 것들을 떠올려 봅시다.

2. 어떤 요구를 하면 좋을지 자유롭게 적어봅시다.
   예) 교실에선 틀렸다고 비난하지 말아주세요. 스쿨존에선 비보호 좌회전 표시를 없애주세요.

3. 모둠 친구들과 그중 하나를 골라 현수막을 만들어 봅시다. 글자를 크게 써도 좋고, 손바닥 도장을 찍어 표현해도 좋습니다.

4. 만든 현수막을 어디에 게시하면 좋을까요? 알맞은 장소를 찾아 게시해 봅니다.

더! 알찬 수업을 만드는 읽기 자료

서울 성수대교 붕괴

1994년 10월 21일 오전, 한강에 놓인 다리 중 하나인 성수대교의 중간 부분이 갑자기 끊어져 무너져 내리는 사고가 있었다. 그래서 그곳을 지나던 버스와 차량 들이 그대로 추락한 것. 마침 출근하는 사람과 등교하는 학생들이 많은 시간이라 인명 피해가 사망 32명, 부상 17명이라는 숫자까지 달했다. 시공사의 부실 공사와 서울시의 안전 점검 소홀이 드러나 시민들의 분노를 유발했다.

서울 삼풍백화점 붕괴

1995년 6월 29일 서울 서초동에 있던 삼풍백화점이 지상 5층부터 지하 3층까지 붕괴되어 사망 502명, 실종 30명, 부상 937명이라는 인명 피해가 발생했다. 이 사고는 부실 공사, 불법 증개축. 안전 점검 소홀이라는 이유 외에도 백화점 관리자들이 방문객들에게 위험을 알리지 않고 영업을 진행해서 인명 피해가 많았다는 데 더 시민들의 공분을 샀다.

스쿨존 교통사고

경찰청이 모 국회의원에게 제출한 자료에 따르면, 어린이보호구역 내 어린이 교통사고 건수는 2020년 484건(사망 3명, 부상 507명), 2021년 523건(사망 2명, 부상 563명), 2022년 1월~9월 399건(사망 1명, 부상 398명, 잠정 집계)으로 굉장히 높은 비율을 나타낸다. 이러한 비율은 2019년 9월 충남 아산의 어린이보호구역에서 건널목을 지나던 김민식 군(당시 9세)이 교통사고로 사망하는 시점까지 비슷하게 나타난다. 이 사건을 계기로 어린이보호구역의 차량 통행속도를 시속 30km로 제한하고, 어린이 보호구역 내 신호등과 과속 단속 카메라 설치 의무화 및 구역 내 교통사고 발생 시에 형을 가중처벌 하는 내용을 담은 민식이법을 제정했으며 2020년 3월 25일부터 시행하고 있다.

〈대기근〉 조형물

아일랜드 더블린에 있는 청동군상으로 조각가 '로완 길레스피'의 작품이다. 아일랜드는 1840년대 감자 역병으로 인하여 감자 흉작이 발생하게 된다. 주식이 감자였던 아일랜드 국민들은 굶주림으로 고통받게 된다. 안타깝게도 영국 정부는 이 상황을 보고 받고도 어떠한 긴급조치도 취하지 않았다. 당시 굶어 죽은 아일랜드 인구는 약 100만 명, 아일랜드를 떠난 인구는 약 100만 명에 달하였다고 한다. 당시 아일랜드 전체 인구의 4분의 1에 달하는 숫자가 줄어든 것이다. 사회적 타살, 사회적 대참사라 아니 할 수 없다.

통일

한반도의 통일이란? 1

통일은 해야 할까?

현재 대한민국 헌법은 한반도의 통일을 국가과제로 제시하고 있습니다. 그렇지만 분단이 장기화되면서 통일의 필요성과 당위성에 공감하지 못하는 사람들이 늘어나고 있는 것이 사실입니다. 그리고 통일에 대한 다양한 의견을 제시하는 사람들도 늘어나고 있습니다. 그래서 이번 단원에서는 통일에 대한 다양한 생각들을 함께 토론하는 시간을 가져보고자 합니다.

#분단 #통일 #통일필요성 #통일찬반

들어가기

이번 차시에는 ① 통일에 대한 내 입장 정하기, ② 통일에 대한 내 생각에 평화와 정의를 기준으로 긍정적인 면 부정적인 면 찾기, ③ 친구들의 생각을 나누며 내 생각 정리해 보고 교실에 게시하기 라는 세 가지 활동을 한다.

한국 사회에는 통일에 대한 다양한 생각이 공존한다. 더 알찬 수업을 만드는 읽기 자료 116쪽 "2022년 학교통일교육 실태조사"를 바탕으로 통일에 대한 다양한 의견을 살펴본다. 그리고 여러 의견 중 내가 동의하는 생각을 정한다. 그다음 내가 정한 생각이 갖는 긍정적인 면과 부정적인 면을 찾는 활동을 진행한다. 이때 기준으로 통일이 갖는 평화와 정의의 기준을 제시한다.

통일에 대한 내 생각의 긍정적인 면과 부정적인 면을 함께 이야기 나눈 후에 자기의 생각을 최종 정리하면서 수업을 마무리한다. 이때 통일에 대해 특정 생각을 강조하거나 유도하는 것이 아니라 학생들이 가지고 있는 다양한 생각을 펼치고 스스로 생각해 보는 기회를 얻게 하는 것이 중요하다.[1]

통일에 대해 자기 생각을 깊이 있게 정리해 보고 다양한 생각을 존중하는 것을 목표로 하는 수업이며 앞으로 진행될 다양한 주제 논의에 대한 출발점을 생각해 볼 수 있다.

---

1 교육부 홈페이지 인출일(2023.12.8.)
https://www.unikorea.go.kr/unikorea/news/release/?boardId=bbs_0000000000000004&mode=view&cntId=55093

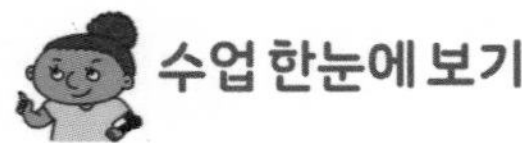

수업 한눈에 보기

주제	통일에 대한 다양한 생각을 나누고 존중하기
1차시 ~ 2차시	① 통일에 대한 내 입장 정하기
	② 통일에 대한 내 생각에 평화와 정의를 기준으로 긍정적인 면 부정적인 면 찾기
	③ 친구들의 생각을 나누며 내 생각 정리해 보고 교실에 게시하기

활동 1 통일에 대한 내 입장 정하기

♣ 남과 북의 통일에 대해서 생각해 본 적 있나요? 여러분은 한반도의 평화와 통일에 대해 어떻게 생각하나요? 통일은 해야 할까요? 아니면 반대해도 될까요? 아래 그림을 보고 여러분의 생각을 자유롭게 써 보세요.

<남과 북의 통일에 대해 어떻게 생각하니?>

♣ 위 그림을 보고 통일에 대한 내 생각을 아래에 정리해 봅시다.

나는 통일에 대해 ______________________________ 생각한다.

그 이유는 ______________________

____

____

____

____

____

____

____

____

____

______________________ 생각한다.

활동 2 통일에 대한 내 생각의 긍정적인 면과 부정적인 면 찾기

✤ 통일을 둘러싼 다양한 입장

- 통일은 남과 북의 평화를 만들어 가는 데 꼭 필요하다.
- 남과 북의 평화를 이야기하는 것은 북한의 주장에 당한 것이다.
- 남과 북의 합의는 지켜져야 한다.
- 남과 북의 통일은 남한으로의 흡수통일이 되어야 한다.
- 분단을 유지하는 비용이 더 통일에 드는 비용보다 많이 든다.
- 남과 북의 통일은 세계 평화에 기여한다.
- 통일의 과정은 평화를 만들어 가는 과정과 같다.
- 통일을 통해 남한과 북한에 살아가는 사람들이 함께 살아갈 지혜를 얻게 된다.
- 통일은 남과 북의 공동이익이다.
- 통일은 남한에 살아가는 사람들 속에 남아 있는 적이라는 의미를 사라지게 한다.
- 한반도 통일에 대한 기대와 희망이 있다.
- 남과 북의 통일이 되면 선진국이 될 수 있다.
- 통일이 되면 남과 북의 경제적 차이로 큰 혼란이 생길 것이다.
- 남과 북의 경제 교류와 협력은 북한 핵과 미사일을 만드는 데 쓰이므로 해선 안 된다.
- 남과 북의 경제 교류와 협력은 함께 잘 사는 통일로 나아가는 데 꼭 필요한 과정이다.
- 통일이 되면 남과 북은 더 좋은 사회에서 살게 될 것이다.
- 통일이 되면 나는 좀 더 나은 삶을 살게 될 것이다.
- 남과 북은 분단되기 이전 공통의 기억으로 돌아가서 다시 시작해야 한다.
- 남과 북은 이미 70년 이상 떨어져서 살아왔다. 이를 존중하고 함께 살아가기 위해 새롭게 합의에 이르러야 한다.
- 통일보다는 남과 북이 평화로운 상태로 지속하는 것이 더 바람직하다.
- 평화를 유지하기 위해서는 많은 노력이 필요하므로 통일로 나아가는 것이 더 바람직하다.

✤ 활동 1에서 정한 내 생각의 긍정적인 면과 부정적인 면을 찾아봅시다. 위에 쓰인 내용 외의 내용을 적어도 됩니다.

나는 통일에 대해 .... 생각한다.

긍정적인 면: ....

부정적인 면: ....

활동 3 친구들과 생각을 나눠 보고 통일에 대한 내 생각 정리하기

♣ 활동 2에서 작성한 통일에 대한 내 생각의 긍정적인 면과 부정적인 면을 서로 나눠 봅시다.

생각 나누는 방법

1단계 : 자기의 생각과 비슷한 사람들끼리 모둠을 만듭니다. 비슷한 생각을 가진 친구가 없으면 혼자서 진행합니다.

2단계 : 먼저 비슷한 생각을 가진 사람들이 의견의 긍정적인 면과 부정적인 면을 나누고 공통된 의견을 모읍니다.

3단계 : 모둠에서 추려진 공통된 의견을 종이에 써서 칠판에 게시합니다.

4단계 : 모둠별로 돌아가면서 발표합니다. 혼자인 경우는 자기의 의견을 발표합니다.

5단계 : 모둠에서 발표한 내용에 대해 궁금한 것을 서로 질문하고 답합니다.

♣ 친구들이 나눈 의견을 듣고 활동 1에서 정리한 자기의 생각에 변화가 있으면 다시 나누고 그렇지 않으면 자기 생각을 다시 정리합니다.

나는 통일에 대해 .... 생각한다.

그 이유는 ....

....

....

....

....

.... 생각한다.

♣ 위 내용을 종이에 써서 꾸민 뒤에 게시합니다.

더! 알찬 수업을 만드는 읽기 자료

평화·통일교육에서 평화의 의미[2]

평화·통일교육은 한반도 통일의 과정이 인류 보편의 가치로서 평화를 이해하고, 남북한의 평화적 관계를 복원하고, 항구적인 평화를 실현할 수 있는 과정이 되어야 한다. 지금까지 통일교육은 안보와 평화를 대립적인 개념으로 이해하는 경향을 보였다. 생각해 보면 진보 정부에서는 평화를, 보수 정부에서는 안보를 강조하는 경향을 보였다. 하지만 안보와 평화는 사실 대립적인 개념이 아니다. 물론, 안보는 적으로부터 나를 지킨다는 개념이 내포되어 있기에 적대적 관계를 상정하게 되는 경향을 보이지만, 평화의 궁극적 상태는 적대적 공존을 넘어 적과 동지의 구별이 사라지는 것이다. 안보를 강조하는 논의 역시 궁극적인 목적은 평화의 실현이며, 평화를 중요시하는 것은 국가의 안보와 개인의 안전과 무관하지 않다. 그러므로 안보가 보수만의 가치가 아니며 평화도 진보만의 가치가 아니다. 남북한은 전쟁의 경험을 통해서 평화의 가치를 무엇보다 잘 알고 있다. 평화의 가치를 실현하기 위해서 남북한은 우선 군사적 긴장을 넘어 평화적 공존을 위한 노력을 해야 한다. 한반도에서 소극적 평화의 실현은 여전히 반드시 해결해야 할 쉽게 풀리지 않는 숙제이다. 그래서 통일교육은 이 숙제를 해결하기 위해서 남북한 관계사와 남남갈등의 역사를 비판적으로 성찰하는 교육을 실시할 필요가 있다.

---

2 윤철기, "한반도 평화의 실현을 위한 평화·통일교육", 『쟁점이 있는 평화 · 통일교육』, 서울교대 통일교육선도대학 사업단(2022), p.28.

한반도의 영구적인 평화 정착은 남북한의 정치권력과 시민사회가 평화의 가치를 공유하고 대화라는 평화적 수단을 통해서 남북한 평화적 공존을 위해 실천할 때 실현될 수 있을 뿐만 아니라 한국 사회 내부의 남북 관계를 둘러싼 사회적 갈등이 극복될 때 가능한 일이다. 통일교육은 우선 평화의 가치를 인식시키기 위한 교육으로 전환되어야 한다. 분단구조를 합리화하고 체제경쟁에서 우위를 차지했다는 점을 과시하기 이전에 진정으로 무엇이 안보 즉 대한민국이란 국가와 국민의 생명과 재산을 지킬 수 있게 하는 일인지 학습자가 고민할 수 있는 기회를 제공해야 한다. 사회통합을 위해서도 마찬가지이다. 평화의 가치를 실현하기 위해서 남북한 관계만이 중요한 것이 아니라 한국 사회 내부에서 이념적 갈등으로 누군가를 사회의 '적'으로 만드는 일은 없는지 언제나 성찰적으로 고민해야 한다. 통일교육은 정치적으로 민감한 사안이라고 회피할 일이 아니라 사회 내부의 비합리적인 이유로 형성된 적대적 관계를 극복하기 위한 기회를 제공해야 한다.

평화통일교육에서 사회 정의의 의미[3]

평화·통일교육은 남북한을 비교해 대한민국의 체제 우월성을 확인하고 교육해 왔다. 한국은 북한과 달리 민주화와 산업화에 모두 성공했다. 북한과 비교했을 때 민주주의와 경제발전을 기준으로 하면 대한민국은 우월한 체제를 가지고 있다고 할 수 있다. 그렇지만 북한과 비교해서 우월하면 아무 문제도 없는 것인가? 한국 사회 역시 여러 가지 문제를 안고 있다. 그래서 통일의 과정이 평화적 과정이 되기 위해서는 우선적으로 한국 사회

---

3 윤철기 외, 『쟁점이 있는 평화통일교육』, 서울교대 통일교육선도대학 사업단(2022), pp. 35-36.

에 대한 적실한 평가가 이루어져야 한다. "한국 사회는 정의로운가?" 이 물음에 한국 사회 구성원 가운데 얼마나 많은 사람들이 긍정적으로 답할까? 촛불광장에서 얼마나 많은 사람들이 '정의로운 대한민국'을 외쳤는지 생각해 보아야 한다. 그리고 남북한 체제의 비교에서 한국 사회의 우월성을 보여주는 상징과도 같은 분야가 경제이다. 그렇지만 한국 경제의 불평등은 심화되어 양극화가 더욱더 악화되고 있다.

한국 사회에는 학연, 지연, 혈연 등 연고주의가 여전히 만연해 있다. 여성에 대한 폭력과 혐오로 죄 없는 여성들이 죽거나 다치고 있다. 성소수자에 대한 차별과 냉대도 여전히 해결되지 않고 있다. 또 난민과 이주민들에 대한 차별과 냉대 역시도 큰 문제이다. 그들은 엄연히 한국 사회를 구성하고 있는 '우리'이다. 평화·통일교육은 학습자들이 대한민국이라는 하나의 공동체 안에 다양한 우리가 있다는 사실을 인지하게 할 뿐만 아니라 다양한 우리는 모두 평등하고 존중받아야 한다는 사실을 실천할 수 있는 시민으로 성장할 수 있도록 교육해야 한다.

우리는 지난 70년 동안 왜 통일을 기다려 왔는지 생각해 보아야 한다. 통일은 분명 혁명과도 같은 커다란 변화를 불러올 수도 있다. 변화는 긍정적일 수도 있고 부정적일 수도 있다. 그런데 한국 사회는 통일에 대해서만큼은 긍정적인 변화를 불러올 것이라는 강력한 믿음을 가지고 있다. 국가와 시민사회가 노력한다면 분명 우리가 기대하던 좋은 결과를 불러오게 될지도 모른다. 하지만 무관심하고 현실의 문제를 회피하기만 한다면 통일 편익에 대한 논의는 과학적인 예측이라고 장담하기 어려워질 것이다. 통일은 남북한 사회 모두 지금보다는 "더 좋은 사회(better society)"가 되는 일이라고 우리는 믿고 있다. 또 우리는 통일이 되면 지금보다는 "더 나은 삶(better life)"을 살게 될 것이라고 믿고 있다.

그런데 이러한 믿음을 현실로 만들기 위해서 시민들은 무엇을, 어떻게 해야 할 것인가에 대해 고민하는 시간은 학교교육에서 거의 찾아보기 힘들다. 그렇기에 평화·통일교육만큼이라도 평화통일이 실현된 한반도를 꿈꾸는 것에서 시작해 국가와 시민들이 무엇을, 어떻게 해야 할지 고민하는 시간으로 만들어야 한다.

통일은 과정이다. 그 과정에서 우선 대한민국 사회부터 더 민주적이고 더 정의롭게 바뀌어 나가야 한다. 통일이 된다고 해서 갑자기 정의로운 사회가 될 수 있을까? 지금부터 사회적 불공정과 불공평, 불평등과 부정의를 해소하려 노력해야 한다. 이러한 문제들로 인해서 수많은 시민들이 고통받고 있고 크고 작은 사회적 갈등들이 발생하고 있다. 갈등이 폭력적인 형태로 비화되지 않도록 문제의 원인을 찾고 대안을 모색해야 한다. 그럴 때만 통일의 과정이 평화적일 수 있을 것이며 비로소 통일이 더 좋은 사회와 더 나은 삶을 보장하는 것이 될 것이다.

2022년 학교통일교육 실태조사 내용

- 북한은 우리에게 어떤 대상이라고 생각하나요?

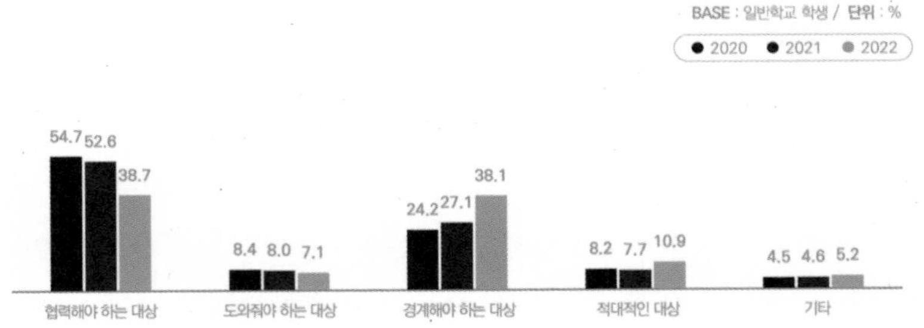

- 통일을 생각하면 어떤 상태가 떠오르는지 자신의 상태와 가장 가까운 것에 표시해 주세요.

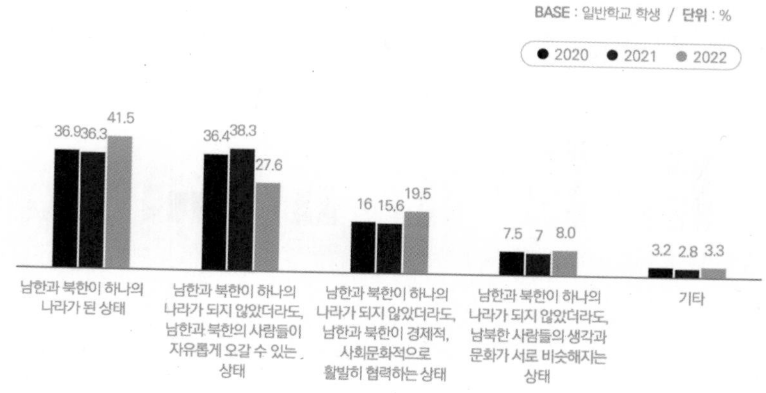

- 통일이 필요하다고 생각하는 가장 중요한 이유는 무엇인지 자신의 생각에 가장 가까운 것에 표시해 주세요.

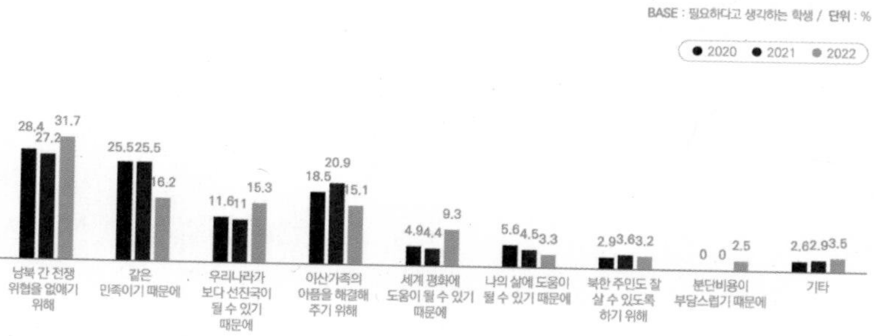

- 통일이 필요하지 않다고 생각하는 가장 중요한 이유는 무엇인지 자신의 생각에 가장 가까운 것에 표시해 주세요.

BASE : 필요하지 않다고 생각하는 학생 / 단위 : %

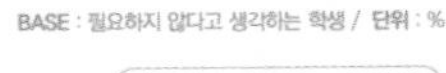

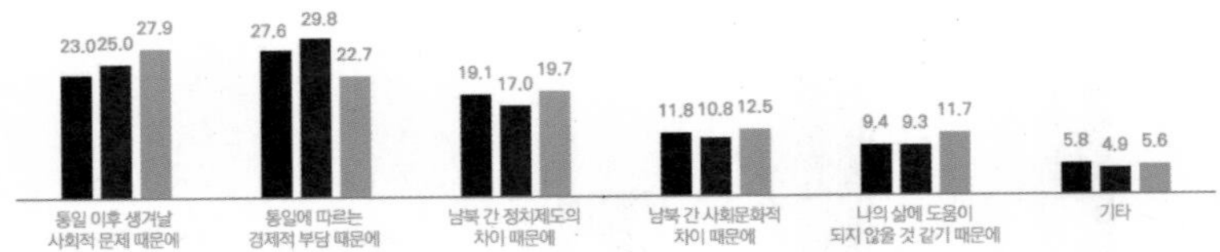

한반도의 통일이란? 2

독일 통일의 교훈

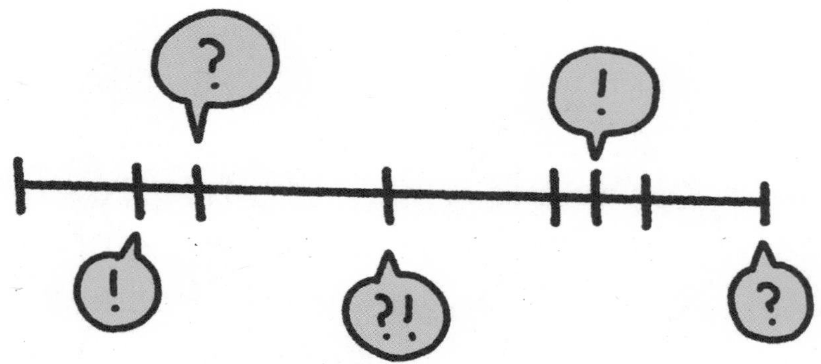

지구상에는 현재 이백여 개의 나라가 존재합니다. 그중 몇몇 나라는 역사상 분단이 되기도 했고 또 어떤 나라는 나뉘었다가 다시 통일된 나라도 있습니다. 하나의 나라를 이루고 사는 사람들은 어떻게 하나의 나라로 살아갈지 정한 것입니다. 그렇다면 분단된 나라에 살고 있는 우리나라는 어떻게 해야 하나의 나라로 살아갈 수 있을까요?
분단의 반대말이 과연 통일일까요? 그렇다면 분단되면서부터 통일은 시작되는 것이라고 생각해도 되는 걸까요? 지구 위에서 하나의 나라로 단결해 살아가는 방법은 사람마다 생각이 다른 만큼 다양합니다. 그렇다면 통일이란 무엇일까요? 이제 통일이 무엇인지 생각해 봅시다. 이 말이 너무 어렵다면 통일의 시작점은 무엇일지 생각해 봅시다.

#분단 #통일 #통일방법 #통일의 시작

들어가기

남과 북은 분단된 채 70년이 넘는 세월 동안 떨어져 살아오고 있다. 통일은 당연히 해야 하는 것이라고 생각해도 실제로 남과 북이 하나의 나라로 살아가는 행태가 되는 것은 말처럼 간단하지 않다. 통일에 대한 생각이 사람마다 다르기 때문이다.

이번 차시는 ① '통일'이라고 하면 떠오르는 것을 쓰고 자유롭게 이야기 나누기 활동으로 통일에 대한 다양한 생각을 알아보고자 한다. 누구의 생각이 더 좋다거나, 더 옳다는 것을 따지는 것이 아니라 통일에 대한 다양한 생각이 있다는 것을 알아본다. ② 독일 통일의 과정을 살펴보고 통일의 시작에 대해 생각해 보기 활동은 독일 통일 과정을 알려주는 그림을 보고 어디서부터 통일이 시작되었는지 생각해 본다. 동독과 서독이 하나의 나라로 나아가기 위해 어떠한 노력을 기울였고 그러한 노력은 통일의 시작이라 말할 수 있을지 알아보는 것이다. 그 과정에 친구들과 토론하며 통일의 시작이 무엇인지 자기의 생각을 다듬어 보았으면 좋겠다. ③ 통일과정의 시작은 무엇부터인지 이야기 나누기 / 쓰기 활동으로 친구들과의 토론을 통해 다듬은 자기 생각을 종이에 써서 친구들과 함께 나누는 시간을 갖는다.

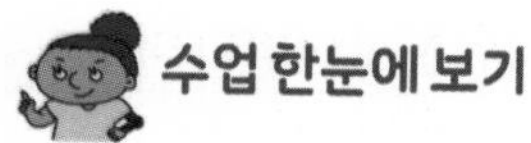

주제	통일의 의미와 통일의 시작은 무엇일지 알아보기
1차시 ~ 2차시	① '통일'이라고 하면 떠오르는 것을 쓰고 자유롭게 이야기 나누기
	② 독일 통일 과정을 살펴보고 어디서부터 통일인지 생각해 보기
	③ 통일과정의 시작은 무엇부터인지 이야기 나누기
	④ 통일과정의 시작은 ____________________다에 대한 의견을 써서 교실에 게시하기

활동 1 '통일'이라고 하면 떠오르는 것을 쓰고 자유롭게 이야기 나누기

♣ '통일'이라고 하면 떠오르는 것을 진한 색의 펜으로 주어진 종이에 써 봅시다. 이때 하나의 단어나 문장처럼 간단하게 씁니다.

활동방법

1. 굵고 진한 색의 펜으로 쓴 종이를 진행자의 신호에 맞춰 머리 위로 들게 한다.
2. 진행자는 종이의 쓴 낱말이나 간단한 문장을 보고 특이한 것, 궁금함이 생기는 것을 쓴 학생을 지목하여 쓴 것이 어떤 의미인지 자세한 설명을 부탁한다.
3. 정답을 이야기하는 시간이 아니기에 학생들의 자유로운 생각을 펼치게 한다.
4. 듣는 사람이 거북하거나 심하게 장난스러운 표현은 하지 않게 안내한다.

♣ 지금까지 '통일'이라고 하면 떠오르는 것을 생각해 보았습니다. '통일'의 뜻은 '나누어진 것을 하나로 합침'이라고 합니다. 그렇다면 여러분이 생각하는 '통일의 의미'는 무엇인지 앞선 활동과 같이 펜으로 종이에 단어나 간단한 문장을 씁니다.

활동방법

1. 펜으로 쓴 종이를 진행자의 신호에 맞춰 머리 위로 들게 한다.
2. 진행자는 종이의 쓴 낱말이나 간단한 문장을 보고 특이한 것, 궁금함이 생기는 것을 쓴 학생을 지목하여 쓴 것이 어떤 의미인지 자세한 설명을 부탁한다.
3. 정답을 이야기하는 시간이 아니기에 학생들의 자유로운 생각을 펼치게 한다.
4. 듣는 사람이 거북하거나 심하게 장난스러운 표현은 하지 않게 안내한다.

♣ 지금까지 내가 생각하는 '통일의 의미'를 알아보았습니다. 사람마다 생각하는 것이 다름을 알 수 있었습니다. 그럼 통일의 시작은 무엇부터일까요?

활동 2 독일 통일의 과정을 살펴보고 통일의 시작에 대해 생각해 보기

♣ 독일 통일 과정에 대한 이야기를 읽고 통일의 시작은 어디부터일지 생각해 봅시다.

독일은 제2차 세계대전에서 패하고 1949년 독일민주공화국(동독)과 독일연방공화국(서독)으로 나뉘게 된다. 소련의 영향을 받는 동독과 미국, 프랑스, 영국 등의 영향을 받은 서독은 처음에는 사이가 좋지 않았으나 차츰 관계를 회복하게 되었다.

스포츠 분야에서 동서독은 1955년 올림픽 단일팀 구성에 합의하여 1956년 멜버른 올림픽, 1960년 로마 올림픽, 1964년 도쿄 올림픽까지 3회 연속 출전했다. 또한 동서독 간 방송은 1971년부터 '동서독 간 컬러TV 방송대 설치 및 운영에 관한 협정'이 체결되고 상호 비방 금지 합의에 따라 방송을 위한 다양한 취재 활동이 이루어져 서로의 방송을 시청할 수 있게 되었다. 서로의 방송을 시청할 수 있게 되자 동서독은 오랜 분단으로 생긴 차이를 이해할 수 있게 되었다. 같은 해 동서독 간 전화 통화를 할 수 있게 되었고 1976년부터는 동서독 간 국가 사이의 전화와 우편이 아닌 국내 우편으로 취급하기로 하였다.

특히 1972년 12월 21일 '독일연방공화국과 독일민주공화국 간 관계의 기본에 관한 조약(기본조약)'이 체결되었다. 그 내용은 동독과 서독은 평화롭게 지내기 위해 군사적 충돌을 하지 않고 서로 함께 잘살기 위해 다양한 교류와 협력을 늘리기로 하였다. 그 한 예로 동서독은 '일반통행협정'을 맺어 서로 여행할 수 있게 되어 보다 가까워질 수 있었다.

1982년부터는 동서독 청소년들이 수학여행 등 다양하게 만날 수 있는 기회가 주어지게 되었고 많은 청소년이 함께 만나 서로를 알고 미래를 계획하는 기회를 얻게 되었다.

1989년 10월, 보다 자유로운 여행과 민주화된 사회를 바라는 동독 사람들의 시위가 발생했고 11월 베를린 장벽이 무너지게 된다. 국경인 베를린 장벽이 무너지자 많은 동독 사람이 서독으로 이동하였고 서독 사람들은 동독에서 온 사람들을 따뜻하게 환영해 주었다.

1990년 동독지역에서 실시된 선거를 통해 빠른 독일 통일을 원하는 정치세력이 동독지역 사람들의 선택을 받아 빠르게 독일 통일이 추진되었다. 독일의 통일 방식은 동독은 사라지고 동독지역의 5개 주가 독일연방공화국에 가입하는 방식으로 이루어졌다. 그리고 마침내 1990년 10월 3일 주변 나라들의 동의를 얻어 통일을 완성하였다.

♣ 독일 사례에서 통일과정의 시작은 언제부터이며 그렇게 생각한 이유는 무엇인가요?

통일과정의 시작 :

그렇게 생각한 이유 :

활동 3 통일과정의 시작점은 언제부터일지 토론하기

♣ 활동 2에서 작성한 "통일의 시작"을 바탕으로 "남과 북의 통일의 시작"을 생각하는 모둠별 피라미드 토론을 진행해 봅시다.

(준비물 : 모둠 의견을 쓸 종이)

피라미드 토론 방법

1단계 : 활동 2의 "통일의 시작"을 바탕으로 내가 생각하는 "남과 북의 통일의 시작"을 각자 작성한다.

2단계 : 짝과 의견을 나누고 더 적당한 의견을 선택한다.

3단계 : 짝과 함께 선택한 의견을 모둠 내에서 의견을 나누고 모둠에서 더 적당한 의견을 선택한다.

4단계 : 모둠에서 선택한 통일의 시작 의견을 종이에 써서 칠판에 붙인다. 반에 있는 모두에게 의견을 나누고 묻고 답하는 시간을 갖는다. 가장 적절한 의견을 투표를 통해 선택한다.

♣ 우리 반에서 선택한 통일의 시작은 무엇인지 정리해 봅시다.

통일의 시작 : ....

이 의견을 선택한 이유 : ....

....

....

♣ 친구들의 이야기를 듣고 내가 생각하는 통일의 시작을 종이에 써서 꾸미고 나서 이를 교실에 게시해 봅시다.

더! 알찬 수업을 만드는 읽기 자료

독일 통일 시 동독 시민의 역할

1989년 3월 13일 동독 라이프치히의 니콜라스 교회에서 예배를 마친 300명의 신도가 여행자유화를 요구하며 시위를 벌였다. 이 시위는 전국적으로 확산되어 100만 명이 모이는 대형 집회로 확산되어 있었다. 동독 정부는 이미 장벽을 지켜낼 힘을 상실한 상태였다.

또한 베를린 장벽 붕괴 이후 진보와 보수를 아우르는 동독시민단체 라운드테이블을 통해 서독과 통일할지 새로운 사회주의 국가 건설을 할지에 대한 논의를 진행했고 그 결과, 동독 시민들은 자유로운 선거를 통해 서독과의 통일을 결정하였다. 이는 동독 시민들의 평화혁명으로 보아야 할 것이다.

북아일랜드 통합 과정

1948년 영국-아일랜드 독립전쟁으로 아일랜드가 독립하게 된다. 하지만 아일랜드는 가톨릭이 대부분이었고 이 때문에 북부에 있는 개신교가 많은 6개 주는 분리 영국령인 북아일랜드로 남게 된다. 이후 북아일랜드 내에서는 독립을 바라는 가톨릭계 주민과 영국에 잔류를 원하는 개신교계 주민 간 갈등이 심화되었다.

1968년 북아일랜드 제2도시에서 영국에서 독립을 요구하는 런덴-데리 선언 후 평화행진을 진행했으나 영국 정부의 폭력적인 진압으로 인해 피해를 입었고 점차 독립 투쟁의 계기가 되었다. 그러던 중 영국군 특수부대의 민간인 사살 사건인 1972년 '피의 일요일 사건'으로 민간인 14명이 사망하면서 갈등이 격화되었다. 이후 양측에서 3,500명에 달하는 많은 인명피해가 발생하였다. 1985년 '서닝베일 합의'를 통해 권력을 공유하는 정부 형태를 협의하며 평화 만들기를 시작하였다. 1998년 벨파스트 협정(성금요일 협정)으로 북아일랜드 내에서 무력 투쟁을 끝내기로 합의하였다. 주요 내용으로는 북아일랜드의 정치적 미래는 북아일랜드 사람 다수의 동의에 따르기로 하고 영국의 직접적인 통치에서 벗어나며 적대적인 무력행위(군대)는 해산하기로 합의하였다. 이 합의에 몇 번의 위기가 있었으나 2006년 성앤드루 협정 이후 평화협정이 안정적으로 진행되었고 2012년 영국 여왕과 아일랜드 지도자가 화해의 악수로 긴 갈등에 마침표를 찍었다. 이로써 북아일랜드에서의 폭력행위는 중단되었으나 아일랜드와 북아일랜드는 아직 통일에까지 이르지는 못하고 있다.

한반도의 통일이란? 3

모의 회담을 통해 한반도 통일을 준비해요

우리는 학교에서, 집에서, 다양한 장소에서 다른 사람들과 생활하며 다양한 문제를 만나게 됩니다. 때로는 서로 원하는 것이 달라서, 때로는 같은 것을 원하지만 대화가 부족해 큰 갈등으로 이어지기도 합니다. 더 큰 갈등으로 번지지 않게 하는 방법은 무엇일까요?

함께 어우러져 살아가기 위해서는 문제를 지혜롭게 해결하는 방법을 잘 알아두어야 합니다. 서로의 생각을 잘 듣고, 의견을 나누며 우리는 문제에 대해 더욱 깊이 생각하고, 더 좋은 해결책을 찾아 나갈 수 있다는 것을 기억해야 할 것입니다.

이번 차시에서는 우리의 결정이 필요한 한반도의 문제를 살펴보고, 이러한 문제에 대해 얼마나 다양한 의견이 나올 수 있을지 고민해 보는 시간을 갖게 됩니다. 각국의 입장을 살펴보며 문제에 대한 해결 방법을 나누고, 좀 더 올바른 해결을 위해 문제에 접근하는 방법을 배울 수 있습니다.

#통일 #문제해결 #토의 #대화

들어가기

한반도의 분단과 통일은 우리나라만이 겪고 있는 문제도, 우리나라 혼자서 해결할 수 있는 문제도 아니다. 남한과 북한이 함께 해결해 나가야 할 문제이며, 동시에 전 세계와 함께 해결해 나가야 하는 문제이기도 하다.

한반도 통일은 우리 생활의 많은 부분을 바꿀 것이기 때문이다. 다름을 인정하고 함께 살아가는 것, 이것이 통일을 준비하는 과정에서 우리가 통일을 단순히 교과서 속의 이야기가 아닌, 우리 삶의 이야기로 이해할 수 있어야 하는 까닭이기도 할 것이다. 이를 위해서는 학생들이 생활 속 다양한 장면에서 통일의 모습을 상상해 볼 수 있어야 한다.

이번 차시에서는 모의 회담이라는 활동을 통해 한반도 분단 상황을 둘러싼 다양한 문제들을 여러 각도에서 살펴보고, 각 당사자의 입장을 대변하며 문제를 이해하고 해결책을 찾는 경험을 제공한다. 특히 학생들이 재미있게 참여할 수 있는 주제를 선정하여 토의의 과정에 적극적으로 참여할 수 있도록 해야 한다.

1차시에서는 ① 회담이란 무엇일까? ② 회담 준비하기 1, 2 활동이 진행된다. 학생들은 문제 해결을 위한 회담의 뜻을 살펴보며 여러 당사자가 함께 참여해 이야기를 나누는 과정의 필요성을 이해하게 된다. 이후 한반도를 둘러싼 문제들을 살펴보고 그중 하나의 문제를 정해 역할을 나누고 모의 회담을 준비하는 과정을 함께한다.

다음 2차시에서는 ① 모의 회담 참여하기, ② 회담 결과 돌아보기 활동이 진행된다. 학생들은 준비한 내용에 따라 모의 회담을 진행한다. 자신의 의견을 발표하고, 서로 질문하는 과정을 통해 문제에 대해 다양한 각도에서 이야기를 나누어 본다. 이러한 토의 과정을 진행하며 문제 해결을 위한 방안을 도출한다. 모의 회담을 진행한 후에는 회담을 진행하며 느낀 점, 새롭게 알게 된 점 등을 공유하며 활동을 돌아보고 마무리한다.

이러한 활동 속에서 학생들은 한반도 통일을 준비하는 과정과 그 안에서 우리가 맞이할 수 있는 여러 문제들에 대해 보다 깊이 고민해 볼 수 있는 기회를 가지게 된다. 그리고 다양한 입장에서 이야기를 나누며 문제해결에 참여하고 토의해 보는 경험을 나눌 수 있으며, 이를 바탕으로 한반도의 여러 문제를 지혜롭게 해결하기 위한 방법을 이해하여 그를 실천할 힘을 기를 수 있다.

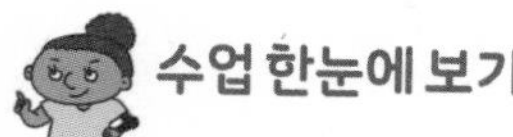

수업 한눈에 보기

주제	모의 회담을 통해 한반도 통일에 대해 풍부하게 이해하고 해결책을 토의한다.	
1차시	회담을 준비해요	① 회담이란 무엇일까?
		② 회담 준비하기 1, 2
2차시	대표가 되어	① 모의 회담 참여하기
		② 회담 결과 돌아보기
	※ 학생 수준에 따라 심화 논의가 가능할 경우 해당 차시를 2차시로 확장하여 운영할 수 있다.	

1차시 ① 회담이란 무엇일까?

◆ 아래 상황을 보고 질문에 대한 답을 나누어 봅시다.

초록이에게는 요즘 고민이 생겼어요. 최근 초록이 마을에 새로운 회사가 생기면서 이웃 마을에서 엄청나게 많은 사람들이 이사를 왔거든요. 마을에 새로운 이웃이 많이 생기니 좋은 일 아니냐고요? 초록이도 처음에는 그렇게 생각했어요. 그런데 문제는 이 두 마을 사람들이 **서로 생활방식이 너무 달랐다는 점이에요.** 어느 날부터 새로 이사 온 사람들과 원래 마을 사람들 사이에 작은 다툼이 생기기 시작하더니 이제는 서로를 봐도 인사도 하지 않는 사이가 되었어요. 이사 온 사람은 이사 온 사람들끼리, 원래 마을 사람들은 마을 사람들끼리 모여 앉아 서로 험담만 했어요. 초록이는 이런 다툼을 끝내고 사이좋게 지내기를 바라요. 주로 어떤 문제가 있었냐면요…

1. 이 두 마을 사람들은 주로 어떤 문제로 다투었을 것 같나요? 뒷이야기를 상상해서 적어 봅시다.

2. 이런 다툼을 끝내고 사이좋게 지내기를 바라는 초록이에게 어떤 어떤 조언을 해줄 수 있을까요?

◆ 여러분도 멀리 이사를 갔던 경험이나 새 학기가 시작되었던 경험을 떠올려 봅시다. 새로운 환경에서 지내며 어려웠던 점은 무엇인가요? 어떻게 해결할 수 있을까요?

⇨ 문제가 생기기 전에 미리 어떤 문제가 생길지 예상해 보고 토의를 해 보면, 문제를 보다 쉽게 해결할 수 있어요. 이처럼 우리가 함께 생활하며 생기는 다양한 문제를 올바르게 해결하기 위해서는 문제와 관련된 여러 당사자가 모여 이야기를 하는 과정이 필요합니다. 이러한 토의 과정을 **회담**이라고 합니다.

1차시 ② 회담 준비하기- 1. 한반도의 여러 문제들

◆ 회담의 진행 순서를 알아보며 모의 회담을 준비해 봅시다

《회담 진행 순서》

1. 회의 참여자들이 서로를 마주 보며 둘러앉습니다.
2. 사회자가 회담의 **①주제**와 **②참여자**를 소개합니다.
3. 주제에 대한 서로의 **③의견을 발표**합니다.
4. 서로 궁금한 점을 질문하고 답합니다.
5. 의견을 정리하며 합의한 내용을 살펴봅니다.
6. 사회자가 회담을 정리하고 인사를 합니다.

◆ 【주제 정하기】 아래 질문에 답하며 우리 반의 회담 주제를 정해 봅시다.

1. 한반도의 통일을 준비하는 과정은 그 안에 살고 있는 사람들의 일상에 큰 변화를 가져올 것입니다. 어떤 변화들이 생길 수 있을까요? 또 어떤 문제들이 생길 수 있을까요?

2. 아래의 글을 보며 한반도 통일과 관련된 여러 회담 주제를 살펴봅시다.

① 통일 전 남북한 여행, 비자를 받아야 할까?	② DMZ, 어떻게 활용해야 할까?
신청자: 고등학생 김OO 여러분, 비자*가 뭔지 아시나요? 저는 그동안 다른 나라를 여행할 때 비자를 받아본 적이 없었는데요, 가장 가까운 나라, 북한에 가고 싶을 때는 통일부와 북한의 허가를 받아야만 한다고 해요. 남북한 여행이 가능하게 된다면, 그때에도 이렇게 허가를 받아야 할까요? 아니라면 언제부터 허가 없이 다녀도 되는 것이 옳을까요? *비자-다른 나라를 방문할 때 받는 허가. 우리나라는 국가 간 협정을 통해 전 세계 160여 개의 나라에 비자를 받지 않고도 방문할 수 있다.	신청자: 환경보호단체 활동가 이OO 비무장지대(DMZ)는 인간의 손길이 오랜 기간 닿지 않아 멸종 위기의 생물들이 많이 살고 있어요. 그런데 최근 남북한의 사이가 좋아지며 이 공간을 어떻게 활용할 수 있을지에 대한 논의가 아주 뜨거워요. DMZ는 그동안 남북한을 나누는 경계였지만 이제는 두 나라를 연결하는 공간이 되는 것이죠! 남북한의 경제발전을 위해 공장을 세우자고도 하고, 통일 기념 관광지로 개발하자고도 해요. 하지만 저는 DMZ의 여러 보호 위기 동식물을 지키고 싶어요. 여러분의 생각은 어떤가요?

③ 올림픽, 남북한이 한 팀이 되는 것이 좋을까?	④ 한글날을 언제로 할까?
신청자: 운동선수 최OO 남북한 단일팀* 소식, 들어보셨나요? 얼마 전 코치님을 통해 다음 올림픽에서는 남북한이 단일팀을 구성한다는 이야기를 들었어요. 저도 좋은 취지인 것은 알지만 문제는 하필 단일팀을 구성하는 종목이 저희 종목이라는 점이에요. 국가대표로 8명이 출전할 예정이었는데, 단일팀을 구성하면 4명만 출전할 수 있대요. 물론 저도 노력하겠지만, 솔직히 제가 출전할 수 있을지 불안해요. 출전한다고 해도 갑자기 알게 된 선수들과 하나의 팀이 될 수 있을지도 모르겠어요. 여러분의 생각은 어떤가요? *남북한 단일팀 - 국제 스포츠대회 일부 종목에서 '코리아'라는 단일팀을 구성하여 출전하였으며, 1991년 탁구 종목에 단일팀으로 출전한 것이 그 시초이다. 2018 평창 올림픽에서는 한반도기를 들고 개회식에 동시 입장하기도 하였다.	신청자: 달력회사 대표 박OO 최근 남북한의 사이가 좋아지며 저에겐 고민이 생겼어요. 달력에 기념일을 넣으려고 보니 남북한 기념일 중에 의미는 같은데 날짜와 이름이 다른 경우가 많더라고요. 예를 들어, 한국에서는 10월 9일을 '한글날'로 제정했는데요, 북한에서는 1월 15일을 '조선글날'로 기념하고 있어요. 둘 다 쓰라고요? 그러기엔 남북한엔 서로 다른 기념일이 너무나 다양한걸요! 저는 그냥 하나로 통일하고 싶은데, 그럼 어느 날로 통일해야 할지 고민이에요. 여러분 생각에는 어떻게 해결해야 할 것 같나요? *한글날 - 훈민정음의 우수함을 기리기 위한 기념일. 훈민정음 반포일(1446년 음력 10월 9일)을 기준으로 우리나라는 양력 10월 9일을 '한글날'(국가공휴일)로 지정했으며, 북한은 음력 10월 9일의 양력 날짜로 바꾸어 양력 1월 15일을 '조선글날'로 지정하였다.

⑤ 남북한 주민이 전화를 할 수 있게 된다면 국제전화 요금을 내야 할까?	⑥ 남북한의 직업들, 어떻게 대비해야 할까?
신청자: 초등학생 정OO 얼마 전에 SNS에 회원가입을 하는데, 제 번호 앞에 (+82)라는 숫자가 붙어 있더라고요. 우리나라 국가 번호라고 해요. 국가 번호가 다른 번호로 전화를 걸면 국제 통화가 돼서 국제 통화 요금을 낸대요. 더 신기한 것은, 북한은 우리나라랑 다른 국가 번호(+850)를 쓴다는 것이에요! 지금은 남한 사람들과 북한 사람들이 서로 전화를 잘 못하지만, 사이가 좋아졌을 때도 우리는 국제 요금을 내고 전화를 해야 할까요? 남북한은 꼭 서로 다른 국가 번호를 써야 하나요?	**신청자: 교사 유OO** 우리 반 어린이들은 얼마 전 사회의 변화에 따른 직업의 의미와 역할의 변화를 배웠어요. 실제로 남북한의 사이가 좋아지고, 통일이 된다면 우리 사회의 직업들이 어떻게 바뀔지 상상해 본 적이 있나요? 통일이 되면 학교의 모습도 많이 바뀌어 선생님의 역할과 가르치는 내용이 많이 바뀔 것 같아요. 경찰, 군인, 의사처럼 국가 자격증을 통해 직업을 얻은 경우, 법과 사회가 바뀐다면 혼란스러울 것 같고요. 또 어떤 직업들이 어떻게 바뀔까요? 우리 학생들은 자신의 미래를 어떻게 대비해야 할까요? 미리 준비하려면 어떤 노력을 할 수 있을까요?
(선택) 그 외에 또 생길 수 있는 문제는 무엇이 있을까요?	
(예시) 어느 날 갑자기 일어난 남북한의 통일-표준어대소동?!	

◆ 우리 반의 모의 회담 주제와 역할을 정해 봅시다. <모둠>

회담 주제		
역할 나눔	역할	맡은 사람
	사회자	
	북한 주민	
	남한 주민	

활동 tip 회담을 더욱 재미있게 진행하고 싶다면?
단순히 국적만 정하기보다는 이 주제와 관련해서 어떤 직업을 가진 사람들이 가장 관심을 가질지 떠올려 봅시다.

1차시 ② 회담 준비하기- 2. 의견 마련하기

◆ 【의견 정하기】 여러분은 이제 각 나라의 대표가 되었습니다. 주제에 대한 의견을 준비해 봅시다.

회담 주제	
주제에 대한 우리 입장	(찬성/반대)
이유	
상대방 입장 예상하기	

활동 tip 완전히 몰입하기! 내가 이 국가의 주민이라면? 내 삶을 위해 무슨 결정을 내릴까?

2차시 ① 모의 회담 참여하기

◆ 준비한 의견을 바탕으로 모의 회담에 참여해 봅시다.

<table>
<tr><td rowspan="6">다른 참가자
발표 정리</td><td rowspan="2">친구 이름</td><td>발표 내용</td><td></td></tr>
<tr><td>궁금한 점</td><td></td></tr>
<tr><td rowspan="2"></td><td></td><td></td></tr>
<tr><td></td><td></td></tr>
<tr><td rowspan="2"></td><td></td><td></td></tr>
<tr><td></td><td></td></tr>
<tr><td>내가 받은 질문</td><td colspan="3"></td></tr>
<tr><td>회담 결과</td><td colspan="3"></td></tr>
</table>

2차시 ② 회담 결과 정리하기

1. 회담을 통해 원하는 결과를 얻을 수 있었나요?

2. 친구들의 입장을 모두 들으며 회의를 하면 어떤 점이 좋았나요?

3. 회담에서 결정된 내용이 지켜지려면 어떤 노력이 필요할까요?

활동 tip 회담 결과가 하나로 모아졌을 경우, 회담 결과를 지키기 위한 추가 활동을 진행할 수 있어요! (예시: 공동성명서 작성하기)

더! 알찬 수업을 만드는 읽기 자료

남북한 정상 회담

남북한의 화해와 협력을 위해 대한민국과 조선민주주의인민공화국을 대표하는 정상들이 만나 회담을 진행했다. 이러한 회담은 대화를 통해 한반도 문제를 해결하고자 한 노력이자 그 결과 많은 합의와 협력을 끌어냈다는 의의가 있다.

순서	대한민국 대표	조선민주주의 인민공화국 대표	결과
1차 정상 회담 (2000년)	김대중	김정일	**6.15 남북 공동선언 발표** 통일 문제의 자주적 해결, 이산가족 문제 해결, 경제 협력 등 남북한 교류를 활성화하는 방안을 담았다.
2차 정상 회담 (2007년)	노무현	김정일	**10.4 남북 정상 선언 발표** 6.15 남북 공동선언의 이행을 강조하며, 항구적 평화체제 구축을 위한 실천 방안을 발표했다.
3차 정상 회담 (2018년)	문재인	김정은	**판문점 선언 및 9월 평양 공동선언 발표** 한반도 비핵화 및 평화적 체계 구축, 경제 교류 협력 확대, 이산가족 문제 해결 등 인도적 협력 강화, 문화 교류 등을 통한 화해와 단합의 분위기 조성 등을 발표했다.

한반도 6자 회담

한반도 문제는 남북한의 역사적 문제이기도 하지만 전 세계적인 평화를 위한 정치 외교적인 차원의 문제이기도 하다. 우리나라, 또는 한반도 내에서의 논의에서 나아가 전 세계가 함께하는 논의가 필요한 이유이다. 실제로 남북한 문제해결을 위해 2003년 8월, 대한민국, 북한, 미국, 중국, 러시아, 일본의 6개 나라의 대표가 참여하는 6자 회담이 성사되었다. 주로 북핵 문제와 대북 제재 등의 문제를 다루었는데, 동북아시아를 둘러싼 첫 다자 안보 회담이라는 점에서 매우 의미 있는 시도였다. 학생들의 흥미 및 이해 정도를 고려하여 해당 내용을 수업 중에 간략하게 언급하거나 모의 회담을 모의 6자회담으로 확장하여 진행한다면 학생들로 하여금 한반도 통일에 대해 보다 깊게 이해하고 그 미래를 적극적으로 상상하는 기회를 제공할 수 있을 것이다.

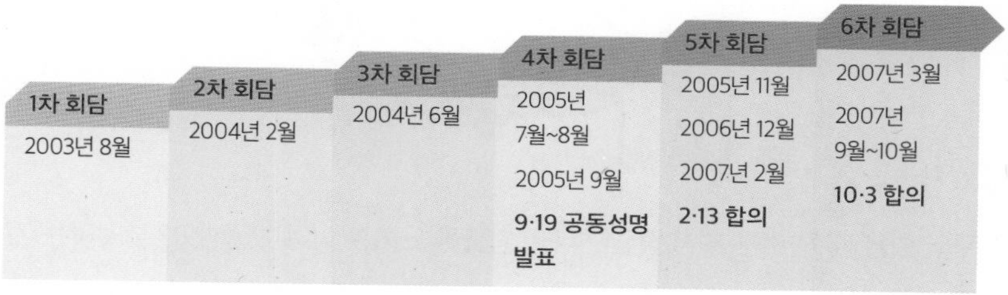

1차 회담	2차 회담	3차 회담	4차 회담	5차 회담	6차 회담
2003년 8월	2004년 2월	2004년 6월	2005년 7월~8월 2005년 9월 **9·19 공동성명 발표**	2005년 11월 2006년 12월 2007년 2월 **2·13 합의**	2007년 3월 2007년 9월~10월 **10·3 합의**

북한 이해 교육 1

우리 반 말모이 만들기

남과 북, 표현은 달라도 뜻이 통합니다

친구와 있을 때 '말이 통해서 즐겁다'라는 기분을 느껴본 적이 있을까요? 즐겁다는 기분은 물론, 함께한다는 든든함마저 느낄 수 있을 것입니다.

지금은 당연한 일로 여기는 한글 사용과 국어 사용. 하지만 우리나라의 주권을 빼앗겼던 일제강점기에는 우리 말과 글을 마음대로 쓸 수 없었습니다. 마음 편하게 우리 말과 글을 쓸 수 없다니 얼마나 답답했을지 모르겠습니다. 말과 글은 우리의 마음, 우리의 정신과도 연결되어 있습니다. 그래서 우리 말과 글이 없어지면 우리의 정신도 없어진다고 생각했기 때문에 조선어학회 선생님들과 우리 할아버지, 할머니들이 목숨을 걸고 우리 말과 글을 모아 '말모이 원고'를 후손들에게 남긴 것입니다.

이렇게 소중하게 남겨주신 우리 말과 글을 혹시 덜 소중하게 여기는 건은 아닐까? 매일 쓰는 말 이외의 한글에 관심이 없어지고 있지는 않은지요? 이 글은 이런 고민으로 시작해서 우리 말과 글을 좀 더 알아보고 해방과 함께 갈라진 남과 북의 말과 글을 공부해 보자는 생각으로 쓰였습니다. 스스로 우리 말과 글을 소중히 아끼고 사용하지 않는다면 원치 않는 외부적 힘 때문에 또다시 우리 말과 글을 마음 편하게 쓰지 못하는 날이 올지도 모르겠습니다. 그런 일이 또 반복되어서는 안 될 것입니다.

#우리말 #말모이 #평화통일 #소통

들어가기

남과 북의 언어의 차이를 설명하고자 할 때 한국 사회에서 사용하는 외래어와 외국어를 북한에서 어떻게 번역해서 쓰는지를 살펴보는 것으로 가늠하는 경우가 대부분이다. 예컨대 한국에서는 '도넛'이라고 하지만 북한에서는 '가락지빵'이라고 한다. 그렇지만 남북한의 언어의 차이는 이보다 더 광범위하다. 단어와 말법의 차이는 물론 70년 동안 분단되어 살아가면서 관용적 표현들이 다를 수밖에 없다. 그런데 더욱 중요한 사실은 같이 한글을 사용하고 있으며 의사소통이 가능하다는 점이다. 언어의 동질성이 여전히 유지되고 있다는 사실을 유념해야 한다.

일제강점기 시절, 우리 말과 글을 없애려는 일본제국주의의 정책에도 굴복하지 않고 선조들은 조선어학회를 중심으로 우리 말과 글을 지켜내려 노력했다. 그리고 그 결과물이 '말모이'라는 우리말 사전 편찬 원고에 고스란히 드러난다. 우리 말과 글은 바로 우리나라의 정신이라고 생각했기 때문에 목숨을 바쳐 그 원고를 지켜내고야 만 것이다.

남과 북은 서로 오가지 못한 지 70년이 훌쩍 지나고 있다. 그 기간 동안, 뜻은 같아도 표현하는 말과 글이 많이 달라졌기 때문에 이대로 가다가는 서로 다른 말을 쓰게 될 거라는 우려마저 많이 나타나고 있다. 그러나 생각해 보면 말과 글은 시간이 흐름에 따라 변하는 것이 당연하다. 단지 그 과정에서 소통과 교류가 꼭 필요하다.

통일을 준비하는 과정에서 '우리말'의 중요성은 더욱 커질 것이다. 남과 북이 전쟁 없이 평화롭게 사는 배경에는 남과 북의 시민들이 쓰는 말과 글이 그 주인으로 널리 적용되어야 할 것이기 때문이다.

외래어가 범람하는 21세기. 조금 더 주인 된 마음으로 통일 한반도를 만들어 나가는 데에 말과 글은 정말 중요하다. 이번 차시에서는 남과 북이 표현은 달라도 뜻이 통한다는 것을 알아보고 우리 반 말모이를 만들어 보자. 그 과정을 통해 평화통일의 주인공은 바로 '나'임을 알 수 있으리라 생각한다.

1차시에서는 ① 뿌리가 같은 말 알아보기, ② 우리말 빙고 놀이의 활동을 진행한다. 남과 북, 표현은 달라도 뜻이 통한다는 것을 알기 위해서 뿌리가 같은 말을 알아본다. 그리고 우리말 빙고 놀이를 통해서 오랫동안 써온 남과 북의 말과 글이 통할 수 있음을 확인한다. 2차시에는 ① 낱말 카드 만들기, ② 우리 반 말모이 완성하기 활동을 해본다. 먼저 모둠별로 우리말과 뜻을 적어서 낱말 카드를 만든다. 모둠별로 만들어진 말모이가 모이면 우리 반 말모이가 완성된다.

이 과정을 통해 남과 북이 서로 다르지만 뜻이 통하는 말과 글을 이해하고 존중하는 과정을 경험하고 우리 학생들이 한반도 평화의 참된 주인의 역할을 할 수 있으리라 기대한다.

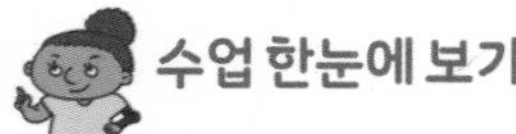

주제	남과 북의 언어가 표현은 달라도 뜻은 통한다는 것을 사례와 놀이를 통해 이해한다.	
1차시	남과 북, 표현은 달라도 뜻이 통해요.	① 뿌리가 같은 말 알아보기
		② 우리말 빙고 놀이
2차시	남과 북의 낱말이 어우러져 우리 반 말모이를 완성해요.	① 낱말 카드 만들기
		② 우리 반 말모이 완성하기

1차시 ① 뿌리가 같은 말 알아보기

◆ 다음 대화를 읽고 느낀 점을 나누어 봅시다.

*남새는 야채, 채소의 순우리말이다.

1. 철수가 이야기하는 남새는 무엇을 말하는 걸까요?

2. 같은 말을 쓰고 있는데 왜 소통이 어려운 걸까요? 왜 그런지 생각해 보고 이유를 써 봅시다.

◆ 우리말을 살펴보고 다음 질문에 답해 봅시다.

동무	어흥	궁퉁이
아시	아빠	홀목시계
개미	별똥별	거짓말
께꼬해요	친구	꼼수
따웅	거위	쨍쨍
아방	까꿍해요	손목시계
수제비	엄마	곱을락
게사니	꽝포	과랑과랑
어멍	뜨더국	게염지
별찌	동생	숨바꼭질

1. 뜻이 같은 말을 함께 짝지어 봅시다.

평소에 내가 쓰는 말	뜻이 같은 말

2. 제주 방언을 찾아봅시다.

곱을락, 과랑과랑, 궁퉁이, 홀목시계, 아시, 아방, 어멍

3. 북한말을 찾아봅시다.

꽝포, 께꼬해요, 별찌, 동무, 게사니, 뜨더국

1차시 ② 우리말 빙고놀이

◆ 제시어를 보고 빙고 놀이를 해봅시다.

괌포	누룽지	화장실	몰몰	위생실
거위	거짓말	친구	나이테	동무
단짝	가마치	게사니	단비	모락모락
폭우	별똥별	짝친구	가담가담	이내
별찌	남새	지부렁지부렁	해돋이	꿀비
뚝비	큰물	야무지다	홍수	인차
제비꽃	돌가위보	당나귀	이따금	하늘소
상추	채소	집적집적	주차	오돌차다
씨름꽃	부루	정지	여우비	섯
모서리주기	가위바위보	왕따	둠	해비

1. 빙고 놀이를 해봅시다.

활동방법

- 16칸(4x4)을 종이에 그리고 제시어에서 마음에 드는 우리말을 골라 씁니다.
- 가위바위보로 순서를 정하고 3열을 먼저 지우는 사람은 '빙고'를 외칩니다.

선생님 tip

- 비밀규칙(짝이 되는 말은 함께 지울 수 있다)이 있다는 것을 미리 알려줍니다.
- 짝이 되는 말은 상추와 부루와 같이 표현은 다르지만 뜻이 같은 말을 뜻합니다.
  순서가 된 학생이 '상추'라고 말하면 '상추'와 '부루'를 적은 학생은 동시에 글자를 지울 수 있어서 3열 지우기에 더 가까워집니다. 이 과정을 통해 표현은 다르지만 뜻이 통하는 우리말을 남과 북이 사용하고 있으며 이는 통일의 과정에서 매우 중요한 가치라는 의미를 학생들과 나눌 수 있습니다.

2. 우리말 빙고 놀이를 한 소감을 나누어 봅시다.

2차시 ① 낱말 카드 만들기

◆ 1차시에 나왔던 낱말을 중심으로 우리말을 정리해 봅시다.

1. 계획

활동방법 제목을 정하고 어떤 낱말이 들어가면 좋을지 정합니다. (모둠 이름도 정합니다)

2. 더 조사하기

더 알고 싶은 낱말은 인터넷이나 관련 도서에서 검색합니다.

3. 새로운 낱말 제안하기

- 남과 북이 함께 생활하는 과정에서 사용하게 될 낱말을 상상해 봅니다.
- 생각난 낱말을 말모이 카드에 적어봅니다.

* 읽기 자료를 읽고 도움을 받아봅시다.

4. 모둠별로 낱말과 그 뜻 모아서 쓰기

활동방법

낱말과 뜻을 정리해서 색종이에 쓰고 꾸밉니다. (준비물 : 색종이, 풀, 펜)

1. 낱말 수만큼 색종이를 준비해서 1cm 정도 남기고 반으로 접습니다.		2. 접은 색종이를 풀로 이어 붙입니다.	
			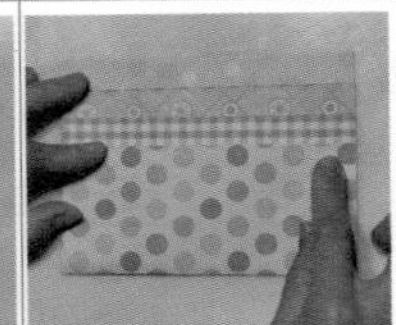
3. 국어사전에 실리는 순서대로 낱말을 배열합니다.		4. 각 색종이를 펼쳐서 낱말을 적고 그 뜻을 적습니다.	
		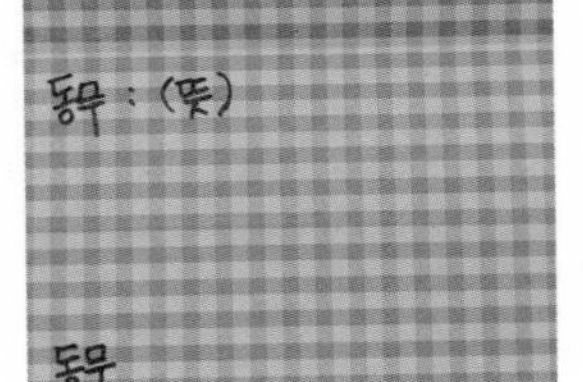	

2차시 ② 우리 반 말모이 완성하기

◆ 모둠별로 만든 말모이 발표하기

1. 모둠별로 만든 말모이를 발표합니다.

2. 다른 모둠 학생들은 발표한 모둠의 말모이에서 배울 점을 적어봅니다.

모둠명	배울 점

◆ 우리 반 말모이를 만드는 과정에서 느꼈던 점을 나누어 봅니다.

더! 알찬 수업을 만드는 읽기 자료

1차시

① '뿌리가 같은 말 알아보기'에서 짝이 되는 우리말은 다음과 같습니다.

제주어	표준어
과랑과랑	쨍쨍
아시	동생
게염지	개미
궁퉁이	꼼수
홀목시계	손목시계
아방	아빠
곱을락	숨바꼭질
어멍	엄마
북한말	**남한말**
별찌	별똥별
동무(☆)	친구
꽝포	거짓말
께꼬해요	까꿍해요
뜨더국	수제비
따웅	어흥
게사니	거위

☆ 남한에 남아 있는 말 '어깨동무'처럼 분단 이전에는 함께 놀이하는 또래의 친구를 남북이 모두 '동무'라고 불렀습니다. 현재 남한에서는 동무보다는 친구라는 말을 쓰고 있습니다.

1차시

② '우리말 빙고 놀이'에서 짝이 되는 우리말은 다음과 같습니다.

거짓말(남) - 꽝포(북)	나이테 - 해돌이	화장실 - 위생실
단짝 - 짝친구	단비 - 꿀비	홍수 - 큰물
누룽지 - 가마치	별똥별 - 별찌	집적집적 - 지부렁지부렁
폭우 - 뚝비	친구 - 동무	이따금 - 가담가담
야채 - 남새	제비꽃 - 씨름꽃	거위 - 게사니
가위바위보 - 돌가위보	이내 - 인차	왕따 - 모서리주기
여우비 - 해비	당나귀 - 하늘소	정지 - 섯
상추 - 부루	모락모락 - 몰몰	주차 - 둠

2차시

① '낱말 카드 만들기'에서 도움이 되는 낱말은 다음과 같습니다.

가. 사전에 나오는 순우리말

표준국어대사전(남)	조선말대사전(북)
눈석임[눈:-]	눈석이
쌓인 눈이 속으로 녹아 스러짐	
모락모락	모랑모랑
1. 곱고 순조롭게 잘 자라는 모양 2. 연기나 냄새, 김 따위가 계속 조금씩 피어오르는 모양	
발쇠꾼	발쇠군
남의 비밀을 캐내어 다른 사람에게 넌지시 알려 주는 짓을 습관적으로 하는 사람	
발록구니	발락군이
하는 일이 없이 놀면서 돌아다니는 사람	
달기살	달가살
소의 다리 안쪽에 붙은 고기. 찌갯거리로 쓴다.	

거추꾼	거추군
일을 보살펴 주선하거나 거들어 주는 사람	
도장왈짜	도장왈자
아무 일에나 나서서 잘난 체하는 사람을 속되게 이르는 말.	
돌서덜	돌서덕
냇가나 강가 따위의 돌이 많은 곳	
보시기	보시
김치, 깍두기 같은 반찬을 담는 작은 사발	
바위너설	바위너덜
바위가 삐죽삐죽 내밀어 있는 험한 곳	
밑두리콧두리	미투리코투리
확실히 알기 위하여 자세히 자꾸 캐어묻는 근본	
미립	미룹
경험을 통하여 얻은 묘한 이치, 요령	
무리꾸럭	물이꾸럭
남의 빚이나 손해를 대신 물어 주는 일	
무양무양하다	무앙무앙하다
너무 고지식하여 융통성이 없다	
생청스레	생청스러이
생청 : 앞뒤가 맞지 않는데도 시치미를 떼고 억지를 쓰는 일	
선하다	서낙하다
1. 잊히지 않고 눈앞에 생생하게 보이는 듯하다. 2. 서낙하다의 준말	장난이 심하고 하는 짓이 극성맞다.
* 남과 북의 사전에 두 낱말 모두에 올라가 있음.	

(출처) 1. 겨레말큰사전 남북공동편찬사업회(https://www.gyeoremal.or.kr)
2. 국립국어원 표준국어대사전(https://stdict.korean.go.kr)

나. 북한 사전에 나오는 낱말

낱말	뜻
가막찌	《방언》 가마치(평남), 누룽지(남한)
누긋누긋	물건이 메마르지 않고 좀 눅눅한 모양을 나타내는 말 (예) 밀가루 반죽 등)
다라치	<<방언>> 다래끼(평남, 함경, 량강도에서 씀)
덤썩덤썩	큰 눈물방울이 잇달아 떨어졌다 그쳤다 하는 모양을 나타내는 말
모록모록	(발음은 모롱모롱) 1. 나무나 풀, 꽃, 남새 같은 식물들이 한군데 모여 나서 소담스러운 모양을 나타내는 말 2. 해와 달 같은 것이 서서히 지는 모양을 나타내는 말
코당코당	자꾸 가볍게 발을 구르거나 뛰는 모양을 나타내는 말
펑긋펑긋	번개나 불빛 같은 것이 순간적으로 약하게 자꾸 번쩍이는 모양을 나타내는 말
오로록	1. (좀 작은) 여러 사람이 한꺼번에 몰켜 움직이는 모양을 나타내는 말. 2. 쌓인 물건이 한꺼번에 무너지는 것과 같은 소리를 나타내는 말.

(출처) 조선말대사전(사회과학출판사 편, 사회과학출판사, 2017)

다. 그 밖의 북한말

《새로 찾은 겨레말》

- 표준국어대사전이나 조선말 대사전에 실리지 않은 문헌어, 지역어, 현장어를 조사하여 그중에서 선별한 것. 여기서는 북한에서 사용하는 말을 중심으로 발췌하였다.

낱말	뜻
귀바투	귀에 매우 가깝게.
넌즈러이	(빛, 기미 같은 것이) 넓게 퍼져 넘어날 듯하게.
달코무레하다	조금 달콤하다.
무뚜름히	사람의 성격이 좀 뚝뚝하게.
버쉽다	잠을 자지 못하거나 설치다.

섭사귀다	여러 사람들과 함께 어울리어 사귀다.
스직스직	발을 느릿느릿 옮겨놓으면서 걷는 모양을 나타내는 말. [같은 말] 스적스적.
어벙지벙	어떻게 할지 몰라 갈피를 잡지 못하고 벙벙해 있는 모양을 나타내는 말.
짼짼하다	① 사물 현상이 매우 선명하고 또릿또릿하다. ② 멋이 있고 훌륭하다.
츠렁하다	① 그득 찬 물이 넘칠 듯하다. ② 가느다란 물건이 길게 드리워 있다.

(출처) 겨레말큰사전 남북공동편찬사업회(https://www.gyeoremal.or.kr)

함께 읽으면 좋은 책

『남북한 어린이 말모이』, 정도상·장효진 글, 허지영 그림,

겨레말큰사전남북공동편찬사업회 기획, 창비교육

겨레말큰사전남북공동편찬사업회가 표제어를 엄선하였고, 겨레말큰사전남북공동편찬사업회의 연구사들이 감수한, 믿을 수 있는 어린이용 북한말 사전이다. 각 표제어와 연관된 북한말을 함께 소개하고 있어 150여 개의 북한말과 그 말이 품고 있는 북한의 생활과 문화를 만날 수 있다.

함께 보면 좋은 참고 사이트

▶ 겨레말큰사전 남북공동편찬사업회(https://www.gyeoremal.or.kr/)

▶ "북한말, 낯설고 과격하기만 하다고요? 그건 착각입니다"/탈북 기자와 말소리 연구자가 낸 '문화어 수업'/낯설다 느끼는 건 주로 기성세대..미래세대는 다르길"/시사자키 정관용입니다.(https://www.youtube.com/watch?v=aauHKAJZ0Ic)

북한 이해 교육 2

지도로 북한 주민들의 삶의 터전을, 장마당(시장)으로 주민들의 일상을 알아보아요

이 단원은 북한의 지역별 특색과 장마당 문화를 탐구하는 과정에서 북한 주민들의 삶을 이해하고 나아가 통일 이후에 남과 북의 새로운 장마당을 상상해 봄으로써 한반도의 문화에 대해 존중하는 태도를 기르는 데에 중점을 두었습니다. 북한의 행정구역 지도를 살펴보면서 북한의 행정구역을 이해하고 이를 바탕으로 북한의 도시 로고를 만들어 보는 활동을 합니다. 또한 북한 장마당(시장)의 특징과 문화를 탐구하여 그 속에서 이루어지는 다양한 교류를 이해하고, 통일 이후에 남과 북의 새로운 장마당을 상상하여 물건을 판매하는 활동을 통해 삶의 다양성을 이해하고 존중하는 태도를 기르는 데 주안점을 두었습니다.

#북한의 행정구역 #북한 도시로고 #장마당 #통일거리시장

들어가기

이번 수업에서는 북한 주민들의 삶의 터전과 문화에 대해 지도를 매개로 알아보고자 한다. 학생들이 단순하게 북한의 문화를 나열식으로 학습하지 않고 지도를 읽는 지리 문해력을 바탕으로 북한 사람들의 삶을 엿볼 수 있도록 하는 활동들을 준비하였다.

양양은 '서핑', 여수의 '밤바다', 춘천 '닭갈비', 전주 '한옥마을', 부산 '해운대' 등 남한의 도시들이 다채로운 색깔을 가지고 있는 것처럼 북한의 도시들도 각자의 특별한 개성을 뽐낸다. 함경북도 혜산은 전 세계에 3개뿐인 무산광산이 있고, 남포시에는 덕흥리 고분벽화가, 함경남도의 맛있는 함흥냉면이, 라선특별시에는 외국인의 무비자 관광이 허용되는 관광특구가 있다. 남한과 북한의 멋진 도시들이 있는 한반도 지도를 통해 한반도의 문화를 생생히 느낄 수 있기를 바란다.

1차시에서는 ① 북한의 지도(행정구역) 살펴보기, ② 북한의 도시 로고 만들기 활동을 진행한다. 스마트기기를 활용하여 학생들이 자료에 제시된 지도와 스티커에서 단서를 찾으며 익숙하지 않은 북한의 행정구역과 지명을 친숙하게 알아보는 활동을 준비했다. 나아가 한 도시를 정해 로고를 디자인하는 활동을 통해 북한지역을 좀 더 면밀히 살펴보도록 한다. 북한의 행정구역 지도를 통해 북한의 지역별 특색을 알아보고, 지도에서 알게 된 북한의 도시 한 곳을 선택해 그 도시의 특징, 문화, 특산물 등을 함축적인 도시 로고로 디자인하여 만들고 발표해 본다. 1차시에서 거시적인 도시의 특징과 문화를 다루었다면 2차시에서는 장마당(시장) 문화를 통해 학생들에게 북한 사람들의 미시적 삶의 모습을 상상해 보도록 한다. ① 북한의 장마당 이야기, ② 통일거리마켓 셀러 되기라는 주제 활동이 진행되는데 북한의 장마당 이야기를 읽어보고 그에 대해 알 수 있는 사실을 찾아 글로 쓰고 장마당에 가면 어떤 매대를 가보고 싶은지 상상하여 이야기해 본다. 통일거리마켓 셀러 되기 활동에서는 통일 이후 한반도에서 열릴 수 있는 지역 마켓에 셀러, 즉 상인으로 참여하기 위한 계획서를 작성해 본다. 학생들이 지역 축제 시장이나 지역 플리마켓(알뜰시장)에 가본 경험을 살려 어떤 물건을 통일거리마켓에서 판매할지 또는 어떤 체험활동을 준비해 방문객들을 맞이할지에 대해 자유롭게 토의하며 북한 주민들과 심리적 거리를 줄여보자.

#북한의 행정구역 #북한 도시로고 #장마당 #통일거리시장

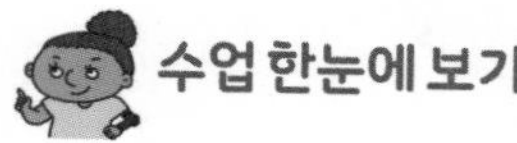

수업 한눈에 보기

주제	북한의 지역별 특색과 장마당 문화를 통해 북한 주민들의 삶 엿보기(간접체험하기)	
1차시	북한의 행정구역 지도를 통해 북한의 지역별 특색 알아보기	① 북한의 지도(행정구역) 살펴보기
		② 북한의 도시 로고 만들기
2차시	북한의 장마당의 특징과 문화를 알아보고 통일 이후에 남과 북의 새로운 장마당(시장) 상상하기	① 북한의 장마당 이야기
		② 통일거리마켓 셀러 되기

1차시 ① 북한의 지도 살펴보기

◆ 스마트기기를 활용하여 북한의 행정구역에 대해 알아보고 붙임 자료에서 지도에 알맞은 스티커를 붙여 봅시다.

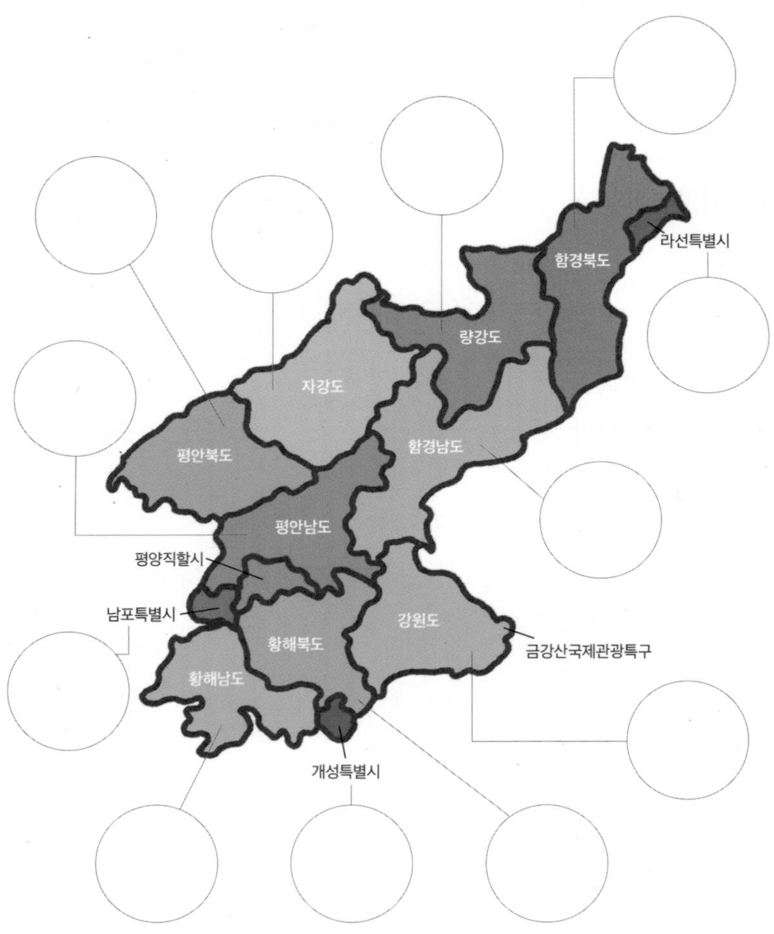

◆ 완성한 지도를 바탕으로 아래의 표를 완성해 봅시다.

행정구역	스티커	설명
1) 남포특별시		
2) 라선특별시		
3) 개성특별시		
4) 평안남도		
5) 평안북도		
6) 자강도		
7) 함경남도		
8) 함경북도		
9) 량강도		
10) 황해북도		
11) 황해남도		
12) 강원도		

1차시 ② 북한의 도시 로고 만들기

◆ 북한의 여러 도시 중 한 곳을 정해 그 도시의 특성이 드러나는 '도시로고'를 만들어 봅시다.

1. 서울교육대학교의 로고를 살펴보고 물음에 답해 봅시다

- 전체의 동그라미 모양: 원만하면서도 이지러짐이 없는 인간상
- 두 개의 동그라미 결합:
  - 미완성에서 완성으로 이룩되는 교육을 상징,
  - 스승과 제자가 함께하는 민주주의 교육이념
- 흰색 : 백의민족, 순박함, 결백함, 천진스러움
- X형으로 구성된 횃불과 펜: 진리를 탐구하는 청년의 기상

1) 로고(상징표)를 디자인할 때 필요한 요소는 무엇입니까?

( ), ( ), ( ), ( )

2) 위 로고에서 알 수 있는 서울교육대학교의 특성은 무엇입니까?

2. 북한의 도시 한 곳을 정하여 도시로고를 디자인해 봅시다.

행정구역	도시의 특징
도시	• 유명한 장소(랜드마크) : • 주요 산업(경제 활동) : • 의·식·주 문화 : • 도시의 명물

- 로고의 색깔 :
- 로고의 모양 :
- 로고의 뜻 :

2차시 ① 북한의 장마당(시장) 이야기

◆ 북한의 장마당 이야기를 읽고 물음에 답해 봅시다.

저는 다른 지역으로 여행을 떠나면 가장 먼저 그 지역의 마트나 시장에 가서 어떤 먹거리나 특산품을 파는지 구경하러 가요. 시장에 가면 평소에 먹지 못했던 맛있는 음식도 먹을 수 있고 그 지역의 특별한 물건으로 여행 기념품을 살 수 있어 두 마리 토끼를 잡을 수 있기 때문이지요. 또 **시장에 가면 그 지역 사람들의 생생한 삶의 모습을 볼 수 있다는 장점**도 있어요.

그래서 저는 만약 통일이 되고 북한을 자유롭게 오갈 수 있다면 북한의 편의점이나 시장을 가장 먼저 가보고 싶어요. 북한에는 정부에서 공식적으로 운영하는 '시장'도 있고, 주민들이 자체적으로 물건을 사고파는 '장마당'도 있습니다. 북한에는 공식적으로 수남, 회령, 혜산, 외룡, 채하, 옥전, 송신, 사포, 통일거리 시장이 있어요. 시장뿐만 아니라 장마당도 매우 활발하게 운영 중이라고 하네요. 북한 사람들은 장마당을 보고 **'고양이 뿔만 빼고 다 판다'**라는 농담을 한다곤 해요. 뿔이 없는 고양이의 뿔, 즉 현실에 존재하지 않는 물건을 제외한 모든 물건을 거래한다는 뜻이에요.

북한 장마당에는 장마당(시장)을 관리하는 공무원인 [시장관리원], 다른 지역의 특산물을 장마당에 유통하는 [행방꾼], 소규모 가판대에서 물건을 파는 생계형 상인인 [메뚜기 장사꾼], 장마당의 인기 품목을 모아 판매하는 [매대상인], 장마당의 배송을 책임지는 [구르마꾼], 중간 도매 상인인 [달리기꾼] 등의 많은 사람이 매일매일 구슬땀을 흘리며 일한다고 해요. 언젠가는 통일이 되어서 **북한의 시장과 장마당에 가는 날이 오겠지요?**

1. 위 글을 읽고 북한의 '장마당(시장)'에 대해 알 수 있는 사실을 세 가지 찾아 적어봅시다.

1) ....

2) ....

3) ....

2. '고양이 뿔만 빼고 다 판다' 는 어떤 뜻인가요?

....

3. 북한의 장마당(시장)에 가면 어떤 매대(상점)에 가보고 싶나요? 그 이유는 무엇인가요?

저는 장마당(시장)에 간다면 (　　　)을 판매하는 (　　　)매대에 가보고 싶습니다.

왜냐하면 .... 때문입니다.

2차시 ② 통일거리장터 셀러 되기

◆ 통일 이후의 한반도의 시장 모습을 상상하여 '통일거리장터'의 셀러로 참여해 봅시다.

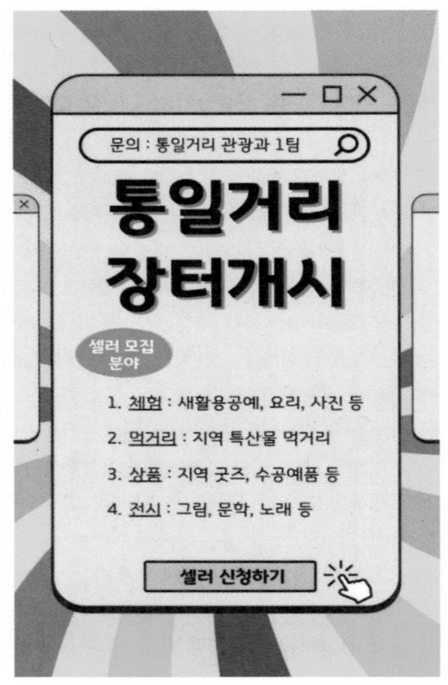

1. 통일거리장터 참여 지역 : (   )

2. 셀러 모집 분야 : (체험 / 먹거리 / 상품 / 전시)

3. 판매 품목 : (   )

- 신청한 물품 외의 다른 물품 판매 시 참여가 제한될 수 있습니다.
- 판매 프로모션, 이벤트, 경품 등은 사전 계획서에 작성하여야 합니다.

4. 홍보 방법 : (포스터 / 플랜카드 / 각종 SNS 홍보)

5. 신청서(개인 또는 모둠 작성)

셀러	성명		전화번호	
팀명			팀 인원	
주요 내용	※ 판매 내용 / 체험 내용 주요 사항 (체험명, 체험 내용, 방법, 1인 기준 소요 시간, 체험 비용 등)			

물품명	물품 소개	수량	단가

물품 주요 사진	
물품명:	물품명:
사진 / 그림	사진 / 그림
물품명:	물품명:
사진 / 그림	사진 / 그림

더! 알찬 수업을 만드는 읽기 자료

북한의 행정구역 퀴즈 자료(퀴즈앤, 카훗, ZEP에 활용)

1. 남한의 국토 크기는 99,720㎢입니다. 북한의 국토 크기는 몇㎢ 일까요?
   (**123,138**)㎢

2. 한반도 영토 전체에서 남한의 국토는 (**44.2**)%, 북한의 국토는 (**55.8**)%를 차지합니다.

3. 남한의 수도는 서울(**특별시**)이고, 북한의 수도인 평양은 평양(**직할시**)입니다. 평양은 북한의 서남부 지역인 (**평안남도**)에 위치합니다.

4. 북한에는 (**3**)개의 특별시(**라선시, 남포시, 개성시**)가 있습니다. 특별시는 외국과 경제적 교류를 활발하게 하는 도시입니다.

5. 또한, 북한은 여러 도시를 경제특구로 지정하여 운영하고 있습니다. (**라선경제**)무역지대, (**개성**)공업지구, (**금강산국제**)관광특구, (**혜산**)경제개발구, (**황금평**)·(**위화도**) 경제지대 등에서는 원자재 개발, 무역, 금융, 관광 사업에 필요한 시설을 갖추고 있습니다.

6. 압록강을 건너면 중국과 국경을 접하고 있고, 도시 신의주가 위치하는 행정구역은? (**평안북도**)

7. 백두산이 위치하는 북한의 행정구역과 주요 도시는? (**량강도**)-(**혜산**)

8. 북한의 최남단에 위치하는 행정구역과 주요 도시는? (**황해남도**)-(**해주**)

9. 북한의 북서부에 위치하는 행정구역과 주요 도시는? (**자강도**)-(**강계**)

10. 그 외에도 북한의 북서부에 위치하는 (**자강도-강계**), 북한의 최남단에 위치하는 (**황해남도-해주**), 남한과 국경을 접하고 있는 (**황해북도-사리원**) 남동쪽의 (**강원도-원산**), 동해안으로 길게 뻗어 있고 냉면이 유명한 (**함경남도-함흥**),

(**함경북도-청진**)는 중국의 북쪽, 서쪽과 국경을 접하고 있습니다. 량강도에는 백두산이 있습니다.

북한의 장마당과 시장[4]

북한은 1995년 홍수 피해를 계기로 심각한 경제난과 식량난을 경험하게 된다. 북한에서는 이 시기를 일컬어 '고난의 행군'이라 부른다. '고난의 행군' 시기에는 계획경제와 배급제가 정상적으로 작동하지 못했고, 주민들은 스스로 생계를 꾸려나가기 위해 '장마당'을 만들기 시작했다. 북한에는 1958년부터 공식적으로 인정된 작은 규모의 '농민시장'이 있었다. 그런데 1990년대 경제위기 이후 북한주민들이 생존을 위해 다양한 물건들을 거래하게 되면서 거대한 암시장이 형성되기 시작했다. 북한주민들은 이 공간을 '장마당'이라고 불렀다. 2003년 북한 정부는 일부 시장을 합법화하였는데, 한국에서는 이를 '종합시장'이라 부르고, 북한 문헌상에서는 '시장' 혹은 '지역시장'이라 칭하고 있다.

4 홍민 외, 『북한 변화 실태 연구: 시장화 종합 분석』, (서울: 통일연구원, 2022) , p. 74

한반도 평화: 군사적 대립 없는 한반도 상상하기

폭력과 무기로 인한 갈등을 해결할 수 있는 방법을 찾아 봅시다

전 세계적으로 각 국가는 군사적 우위를 차지하기 위해 무기를 사들이거나 개발하거나 군대를 양성합니다. 국가 또는 개인 간의 갈등을 해결할 때 무기와 같은 폭력적인 방법을 사용하는 것은 바람직한 것일까요?

단지 폭력과 무기로 갈등을 해결하려 한다면 어떤 문제들이 생길까요? 우리의 평범한 일상을 유지하며 살아갈 수 있을까요? 폭력과 무기로 인한 갈등을 평화적으로 해결할 수 있는 방법, 우리는 이제 함께 고민해 봐야 할 것입니다.

#비폭력 #평화 #갈등해결

들어가기

국가는 자국의 안보를 지키기 위해 군비를 증강한다. 그런데 국가 간의 관계에서 한 국가의 군비 증강은 타국에게는 안보의 위협이 될 수밖에 없다. 그래서 결국 다른 국가 역시 군비를 증강하게 된다. 그렇게 되면 또 다시 한 국가는 자국의 안보의 위협을 느끼게 되고 군비를 증강하게 된다. 군비증강은 자국의 안보를 강화하기 위해서 시작되지만, 군비경쟁이 지속되면 결국 자국의 안보를 위협하게 된다. 이러한 상황을 '안보딜레마'라고 부른다.

한반도에는 지금으로부터 70년여 전에 전쟁이 있었다. 전쟁으로 수많은 사람들이 목숨과 재산을 잃었고, 어떤 가족들은 남과 북으로 흩어져 살게 되었다. 1953년 7월 27일 정전협정이 체결되었지만, 남북한 간에는 반복적으로 군사적 긴장과 대립이 있었다.

'서해교전'과 '연평도 포격'으로 군인과 시민들이 목숨을 잃었다. 남북한 관계에서 군사적 대립과 긴장이 약화되어야 하는 이유는 바로 우리의 생명과 안전을 지키기 위함이다. 또한 다시는 한반도에서 더 이상 전쟁으로 무고한 시민들이 목숨을 잃는 일이 없어야 하기 때문이다. 이 수업은 폭력과 무기로 인한 갈등을 학생들이 경험할 수 있을 만한 가상의 상황으로 접근하여 평화적으로 해결하는 방법을 찾아보는 과정에서 폭력과 무기 즉 군사적 경쟁이 우리의 현재와 미래에 미칠 영향에 대해 생각하는 계기를 마련한다.

1차시에서는 ① 폭력에 관한 경험 떠올리기, ② 장난감 총으로 인한 문제 상황 살펴보기의 활동이 진행된다. 폭력에 관한 자기 경험을 떠올려 보는 활동을 통해 우리가 생각보다 일상생활에서 폭력에 많이 노출되었다는 것을 인지한다. 그리고 장난감 총으로 인한 문제 상황을 제시하여 장난감 무기를 갖고 노는 것이 자신과 주변 사람에게 물리적 문제와 정신적 문제를 불러일으킬 수 있다는 것을 알고 문제 상황을 해결하기 위한 다양한 방법을 찾아본다. 2차시에서는 ① 만약 나라면? ② '만약 나라면?' 역할 놀이 하기, ③ 우리가 나아가야 하는 길 활동이 진행된다. 만약 나라면? 활동을 통해서는 1차시에서 무기로 인한 갈등을 해결하는 방법을 모둠원과 토의해 보고, 그 해결 방안으로 인해 발생할 수 있는 결과까지 자기평가 과정을 통해 구체적으로 예상해 본다. 그리고 '만약 나라면?' 역할 놀이 하기에서는 ①의 활동에서 수정·보완한 무기로 인한 문제 해결 방법을 역할 놀이 대본으로 표현하여 학급 친구들 앞에서 발표한다. 다른 모둠의 해결 방법에 대한 나의 의견도 간단하게 작성해 본다. 우리가 나아가야 하는 길에서는 1, 2차시에 걸쳐서 다룬 무기로 인한 갈등 상황과 그 해결 방법을 적용해 보는 활동이 이루어진다.

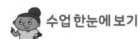

수업 한눈에 보기

주제	폭력과 무기로 인한 갈등을 해결할 수 있는 평화적인 방법 찾아보기	
1차시	폭력으로 인해 발생한 문제 상황에서 해결 방안 생각하기	① 폭력에 관한 경험 떠올리기
		② 장난감 총으로 인한 문제 상황 살펴보기
2차시	폭력과 무기로 인한 갈등을 해결할 수 있는 평화적인 방법 찾아보기	① 만약 나라면?
		② '만약 나라면?' 역할 놀이 하기
		③ 우리가 나아가야 하는 길

1차시 ① 폭력에 관한 경험 떠올리기

◆ 폭력에 관한 나의 경험을 떠올려 봅시다.

1. 학교생활 등 일상에서 무기(장난감, 공 등)나 폭력으로 인해 피해를 본 경험이 있나요?
   (나의 경험이 없다면, 주변 사람이 겪었거나, 목격한 경험을 이야기해 봅시다)

2. 1의 상황에서 나는 어떻게 대처하였나요?

1차시 ② 장난감 총으로 인한 문제 상황을 살펴보기

◆ 이야기를 읽고 나라면 어떻게 행동했을지 질문에 답해 봅시다.

우리 반의 A라는 친구가 장난감 총을 가지고 학교에 왔다. 등교하자마자 가방에서 장난감 총을 꺼내 A는 자신의 친한 친구들에게 자신의 장난감을 자랑했다. 그리고는 아침 자율활동 중인 다른 친구들에게 총을 겨누었다. 장난감 총알에 맞을까 봐 무섭기도 하고, 걱정된 나는 선생님께 말씀드렸다. 선생님께 크게 혼이 난 A는 씩씩거리며 가방에 자신의 장난감 총을 집어넣은 뒤 씩씩거리며 나를 노려보았다.

그날 친구와 함께 하교하는 길에 A는 다시 장난감 총을 꺼내 들었다. 장난감 총으로 나와 친구를 겨누며 "너희들 내가 다 쏴버릴 거야!"하고 협박했다. '설마 진짜로 쏘지는 않겠지'라고 판단했던 우리는 A의 이야기를 무시하고 가던 길을 갔다. 하지만 A는 우리를 따라와서 장난감 총을 쏘았다. 나와 내 친구는 A가 쏜 총알에 맞았다. 나는 크게 다치지는 않았지만, 너무 기분이 나빴다. 심지어 내 친구는 얼굴에 상처를 입었다. 우리는 너무 화가 나서 도망치는 A를 끝까지 쫓아갔지만, A를 끝내 잡지 못했다.

집에 돌아가서 A의 SNS를 보니 내일 새로운 장난감 총을 가져온다고 적혀 있었다. 다음 날 아침, 나는 등굣길이 너무 불안하고 A가 또 나를 공격할 것 같아 걱정되었다. 가만히 있으면 A가 더욱 날뛸 것 같은데…. 나는 이 상황을 해결하기 위해 어떻게 해야 할까?

1. 글 속의 '나'가 겪고 있는 문제는 무엇입니까?

물리적 문제: ....

정신적 문제: ....

2. 위 문제를 해결하는 방법에는 어떤 것들이 있을까요? 두 가지 이상 적어봅시다.

....

....

....

....

....

2차시 ① 만약 나라면?

◆ 앞 차시의 상황을 해결하기 위한 나의 선택에 따른 결과를 예상해 봅시다.

1. '나'가 겪고 있는 문제를 해결하는 방법을 모둠원과 토의해 보고, 그 결과를 예상해 봅시다.

1) 우리 모둠에서 생각한 해결 방안은 무엇입니까?

예시) 더 좋은 성능의 장난감 무기를 사서 대응한다. A와 대화를 시도한다. 등

2) 위 해결 방안을 사용한다면 어떤 결과가 예상됩니까? (구체적으로 작성합니다.)

2. 우리가 생각해 낸 방법을 스스로 평가해 봅시다.

순번	평가 기준	평가 척도	비고
1	A와 '나'가 모두 만족할 수 있는 해결 방법인가요?	☆ ☆ ☆ ☆ ☆	
2	다른 사람에게 피해를 주지 않는 해결 방법인가요?	☆ ☆ ☆ ☆ ☆	
3	문제를 해결하는 데 발생하는 비용이 크지 않나요?	☆ ☆ ☆ ☆ ☆	
4	문제 해결 방법이 평화적인가요?	☆ ☆ ☆ ☆ ☆	
수정이 필요한 부분			

2차시 ② '만약 나라면?' 역할 놀이하기

◆ 우리 모둠에서 토의한 문제 해결 방법과 예상되는 결과를 바탕으로 역할 놀이를 해 봅시다.

1. '나'가 겪고 있는 문제를 해결하는 방법을 모둠원과 토의해 보고, 그 결과를 예상해 봅시다.

<역할 놀이 대본 작성 시 유의 사항>

문제 상황을 역할 놀이의 앞부분에 짧게 포함합니다.

문제해결 방법이 잘 드러나게 대본을 작성합니다.

앞으로 예상되는 상황을 구체적으로 표현합니다.

닫힌 결말로 작성합니다.

장난스럽지 않고, 진지한 태도로 대본을 작성합니다.

등장인물	
나의 역할	
필요한 소품	

2. 학급 친구들 앞에서 역할 놀이를 해 봅시다.

3. 다른 모둠의 역할 놀이를 보고 평가해 봅시다.

모둠 이름	해결 방법	나의 의견

2차시 ③ 우리가 나아가야 하는 길

◆ 이야기를 읽고 물음에 답해 봅시다.

① 이번 주 금요일은 C 학교에서 대운동회가 열리는 날이다. 우리 반은 학급 대항 피구대회에서 우승하기 위해 매일 연습하기로 했다. 기다리던 체육 시간, 연습경기를 시작했는데 우리 반에서 가장 실력이 좋은 호준이와 지훈이가 다투기 시작했다.	② 그날 이후 지훈이와 호준이는 서로 패스도 하지 않고 경기 중에도 서로 소리를 지르며 싸우고, 호준이가 지훈이에게 패스하며 일부러 머리를 맞추기도 해서 지훈이가 다칠 뻔했다. 결국 두 번째 연습경기에서 우리 반은 크게 패했다.
③ 경기가 끝나고 교실에 돌아온 우리 반은 분위기가 좋지 않았다. 나쁜 경기 결과로 누구보다 많이 화난 사람은 호준이와 지훈이였다. 즐거운 운동회 분위기와 경기를 망쳐버린 우리 반을 위해 호준이와 지훈이는 서로 힘을 합쳐야겠다고 다짐했다.	④ 기다리던 체육 시간, 연습경기를 시작했는데 우리 반에서 가장 실력이 좋은 호준이와 지훈이가 다투기 시작했다. 서로 자기가 공격을 하거나 패스를 받고 싶어서 싸우다가 결국 지훈이는 화를 내며 강당에서 뛰쳐나가 버렸다.

1. 사건의 흐름에 따라 이야기의 순서를 차례대로 배열해 봅시다.

① - (　　) - (　　) - (　　)

2. 평화롭게 갈등을 해결해 보기로 결심한 호준이와 지훈이는 어떻게 행동하였을까요? 달라진 친구들의 모습에 따른 우리 반의 친구들의 관계, 체육대회의 결과 등의 변화를 포함한 이어질 이야기를 꾸며 봅시다.

⑤

군비 경쟁이란?

군비 경쟁(軍備 競爭, Arms Race)이란 여러 국가가 자신의 국가 안보 및 군사적 우위를 점하기 위하여 군대를 증강하거나 무기의 파괴력을 향상하고 무기의 양을 경쟁적으로 증가시키는 것을 말한다.[5]

군비 경쟁이 심화하면 어떤 일이 발생할까? 한 국가가 군비를 증강하면 다른 국가는 위협을 느낄 것이다. 그로 인해 다른 국가들도 군비를 증강할 것이고 전 세계는 무기와 폭력에 의해 불안에 떨게 되며 평화로운 세상과는 점점 더 멀어질 것이다.

참고 영상: https://youtu.be/aUnHYZs8004
KBS News [글로벌K] 말뿐인 평화… 군비 경쟁 불붙은 전 세계/KBS 2022.12.26.

안보딜레마(security dilemma)

독일의 사회학자, 막스 베버(Max Weber)는 국가를 "한 영토 안에서 유일하게 물리력을 행사할 수 있는 제도적장치"로 규정했다. 국가에 의한 폭력의 독점은 국가 안에서는 질서와 평화의 유지를 위한 중요한 전제조건이다.

그리고 국가의 물리력은 자국의 안보를 지키기 위한 수단이다. 그래서 국가는 자국의 안보를 지키기 위해 군사력을 강화하려 한다. 그런데 타국은 이를 안보의 위협으로 인식하게 되고, 결국 군사력을 강화하게 된다. 이

5 국방과학기술용어사전(2021. 05. 31.)

렇게 되면 또다시 상대국이 군사력을 강화시키게 된다. 이렇게 자국의 안보를 강화하기 위한 군사력 증강이 타국과의 군비경쟁으로 인해 자국의 안보를 위협하게 되는 상황을 '안보 딜레마'라고 부른다.

북한은 지난 30여년 동안 핵과 미사일 개발을 통해서 군비를 증강시켜 왔다. 최근 북한은 핵보유국으로서의 지위를 국제사회로부터 인정받으려 하고 있다. 그렇지만 한국과 국제사회는 북한의 4차 핵실험 이후 고강도 대북제재를 이어가고 있다. 사실은 남북한은 1992년 1월 31일 '한반도 비핵화 공동선언'을 발표한 바 있다. 한국은 오랫동안 한반도 비핵화선언을 지키기 위해 북한을 설득해 왔다. 그런데 북한의 핵과 미사일 개발이 지속되자 한국 사회 내부에서는 핵무장의 필요성을 제기하는 논의가 등장하기 시작했다. 그런데 만약 한국마저 핵무장을 하게 된다면 한반도에서 안보딜레마가 발생할 수 있는 상황이 초래될 위험이 존재한다.

군축 및 비확산 교육(Disarmament and Non-Proliferation Education)

세계 군사비 지출은 증가하고 있으며 무기 경쟁은 세계적인 차원의 문제다. 2019년 세계 군사 지출은 1조 9천억 달러로 10년 만에 가장 큰 연간 증가액을 기록했다. 유엔 헌장은 "세계 인적, 경제적 자원의 무기에 대한 최소한의 전환"을 원칙으로 하고 있음에도 불구하고 현재 세계 군사 지출은 1998년 냉전 이후 최저치보다 76% 더 높다. 군사비 과도한 지출은 직간접적으로 지속 가능한 개발에 부정적인 영향을 미친다. 과도한 군사비 지출은 사회적, 경제적 문제일 뿐만 아니라 사회에 불신을 초래하고 군사적 긴장을 악화시켜 국제 안보 환경을 손상할 수 있다.

이러한 흐름에서 등장한 군축 및 비확산 교육(DNPE)은 사람들이 국가 및 세계 시민으로서 구체적인 군축 및 비확산 조치의 달성에 기여할 수 있도록 하는 것을 목적으로 한다. 군축교육은 유네스코의 기본적인 임무는 교육을 통해 평화를 실현하는 것이라는 유네스코의 우선 목표 중 하나의 맥락 안에서 이루어지고 있다. 군축 및 비확산 교육은 모든 종류의 폭력적인 갈등을 줄이고 제거하는 접근법을 강조하면서 갈등과 갈등 해결, 전쟁의 원인과 기술과 전쟁 사이의 상호작용에 대한 더 깊은 분석의 기회를 제공한다.

출처: https://education.unoda.org/Disarmament Education, United Nations office for Disarmament Affairs

함께 읽으면 좋은 책

『지뢰밭 아이들』, 글 앙젤 드로누와, 그림 크리스틴 들르젠느, 번역 김영신, 한울림 어린이

그림책 '지뢰밭 아이들'은 평화로운 마을에 어느 날 비행기에서 떨어진 노란 병, 이른바 집속탄이라는 폭탄으로 인해 다리를 잃어 더 이상 좋아하는 축구를 할 수 없게 된 소년과 그 친구의 이야기이다. 구호 식량으로 위장한 폭탄으로 평범한 삶을 살아가던 아이들이 웃음을 잃고, 꿈을 잃게 되는 이야기는 먼 나라의 이야기가 아니다. 우리 한반도 역시 전쟁과 폭력으로부터 자유롭지 않으며 지금 이 순간에도 누군가는 이로 인해 고통받고 있다. 그림책 '지뢰밭 아이들'은 왜 우리가 평화라는 가치를 지향해야 하는지, 전쟁과 폭력이 어떠한 결과를 초래하는지 잘 보여주고 있다.

통일과 다양성 존중

하나의 공동체 안의 '다양한 우리' 찾기

우리 사회는 수많은 사람이 모여 각자의 색깔을 띠고, 조화를 이루어 나가는 공동체입니다. 모든 시민에게 참여권과 권리가 보장되어야 함을 강조하는 민주 사회에서, 서로의 의견, 다양성을 존중하는 것은 어찌 보면 가장 선행되어야 할 가치입니다. 문화, 인종, 종교, 언어 등이 다양한 사람들이 갈등을 빚지 않기는 어려운 일입니다. 그러나 이해와 존중을 바탕으로 갈등을 평화롭게 해결해 낼 때, 우리 사회는 한층 더 발전하는 싱그러운 공동체가 됩니다. 다양성을 존중하지 않고 획일화된 교육으로 유일의 가치를 주입한다면, 그 사회는 유의미한 경험과 관점이 배제될 것입니다. 따라서, 다양성 존중은 평화로운 사회를 구축하는 데 중요한 역할을 합니다.

#다양성 #존중 #통일 #북한이탈주민 #다문화 #장애

들어가기

사람들은 때로 타인이 가지고 있는 나와 다른 점을 쉽게 받아들이지 못한다. 이 수업을 통해서는 학생들이 세상의 많은 사람의 '다름'을 인정하고, '다름'을 배척하거나 또는 보살펴야 하는 것이 아닌 함께 공존하고 존중해야 할 것이라는 인식을 지도하고자 한다. 또한, 통일된 한국에서 그러한 다양성 존중이 필요함을 암묵적으로 깨닫게 한다.

1차시 모두가 존중받는 학교에서는 활동①에서 존중의 필요성을 인식한다. '손모아장갑 이야기'를 읽으며, 나도 모르게 상대를 비하, 멸시하는 표현을 사용할 수 있음을 인식하고, 존중을 위해 취해야 할 태도에 대해 생각한다. 활동②는 우리 사회에서 나타나는 존중의 모습을 살펴보기이다. 태블릿 PC를 이용하여 사회에서 사회적 약자를 배려하기 위해 마련한 여러 제도, 시설물 등을 살펴볼 수 있도록 한다. 활동③은 학급 토론이다. 앞서 활동한 내용을 바탕으로 배려와 공정이 이루어지는 학급이 되는 데 필요한 규칙을 주제로 토론한다. 사회적 약자에 대한 배려가 어느 정도까지 이루어지는 것이 좋을지 토론 활동을 한다.

2차시 모두가 존중받는 공동체에서는 활동①에서 존중의 사회가 되는 데 필요한 것에 대하여 살펴보기를 한다. 특히 북한 이탈 주민, 다문화 가정 등을 다룬 제시문을 바탕으로 학급을 넘어 현재 사회에 필요한 제도 등에 대하여 생각할 시간을 가진다. 활동②에서는 하나의 공동체를 이루기 위해 부족한 점, 필요한 점을 주제로 토론한다. 서로의 의견을 공유하고 느낀 점을 공유하며 배운 내용을 심화한다. 활동③에서는 생각 넓히기로 진행된다. 내가 주류가 아닌 사회, 그리고 남북 교류 시 서로의 다양성을 존중해야 할 상황을 상상하여 다양성 존중의 필요성에 대해 사고할 수 있도록 한다.

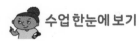

수업 한눈에 보기

주제	서로의 다양성을 존중하기	
1차시	모두가 존중받는 학교	① 존중의 필요성 인식하기
		② 우리 사회 속 존중의 모습 찾아보기
		③ 배려와 공정이 있는 학급을 위한 토론하기
2차시	모두가 존중받는 공동체	① 존중의 사회가 되려면
		② 하나의 공동체를 위한 토론하기
		③ 생각 넓히기

1차시 ① 존중의 필요성 인식하기

◆ '손모아장갑 이야기'를 읽으며 존중의 필요성을 인식해 봅시다.

<손모아장갑 이야기>

여러분, '손모아장갑'이라는 단어를 알고 있나요? 많은 친구가 고개를 끄덕이고 있으리라 생각해요. 손모아장갑은 엄지손가락만 따로 있고, 나머지 손가락은 한 곳에 들어가는 장갑을 말합니다. 손가락이 오순도순 모이게 되니 손모아장갑이라는 이름이 어울리지요?

손모아장갑이 처음부터 그 이름을 가지고 있지는 않았습니다. 이 장갑은 과거 '벙어리장갑'이라는 이름으로 불렸답니다. '벙어리장갑'의 유래가 무엇인지는 의견이 분분하지만, 언어 장애가 있는 사람을 비하하는 표현인 '벙어리'에서 이름을 빌렸을 것이라는 가능성이 큽니다. 그리고 만약 말의 유래가 그것이 아니었을지라도, 이미 '벙어리'라는 비하 표현을 떠올리게 하는 점에서 고쳐져야 맞겠지요?

그래서 '벙어리장갑'의 새로운 이름을 지어주기 위해 많은 사람이 인터넷에서 투표했습니다. 엄지 장갑, 모둠손 장갑 등 좋은 후보들이 많이 나왔습니다. 그중에는 북한에서 사용하는 말인 '통장갑'도 있었어요. 이 아름답고 훌륭한 후보 중 손모아장갑이 1등으로 뽑히고, 널리 퍼지게 되었답니다.

1. 이야기를 읽으며 생각한 점을 적고, 이야기를 나눠 봅시다.

예시) 손모아장갑이라는 말을 들어보기는 했지만, 그것의 예전 이름이 벙어리장갑이었다는 것은 처음 알았다. 내가 만약 언어 장애가 있는 사람이었다면, 벙어리장갑이라는 말을 듣고 상처를 받았을 것 같다. 그래서 이름이 바뀐 것이 바람직하다고 생각한다.

2. 아직도 '벙어리장갑'이라는 단어를 사용하는 사람들이 여전히 있습니다. 모르고 사용한 경우에는 이제부터 알아가면 되니 괜찮지만, '나에게 익숙한 단어를 굳이 고쳐 써야 하나? 귀찮은데…….' 라고 생각하는 사람들도 있습니다. 그 사람들에게 뭐라고 이야기해 주고 싶나요?

3. 서로의 다름을 존중해 주기 위해서는 어떤 것들이 필요할까요? 내가 할 수 있는 것, 사회가 할 수 있는 것을 나누어서 생각해 봅시다.

내가 할 수 있는 것	예시) 색안경을 끼고 사람을 바라보지 않는다.
사회가 할 수 있는 것	예시) 다름이 틀린 것이 되지 않도록 평등을 지킬 수 있는 규칙을 만든다.

1차시 ② 우리 사회 속 존중의 모습 찾아보기

◆ 우리 사회 속에서 나타나는 존중의 모습을 찾아봅시다.

1. 우리 사회에는 다양한 사람들이 함께 살아가기 위해 만들어진 여러 장치가 있습니다. 예를 들어, 시각장애인들을 위한 점자 블록이 있죠. 이처럼 우리 사회에서 다양한 사람을 존중하기 위해 만든 시설, 규칙 등을 모둠별로 조사해 봅시다.

<태블릿 PC 이용 규칙>

1. 수업과 관련 있는 내용만 찾아본다.
2. 선생님이 정해준 시간 동안만 사용한다.
3. 출처가 확실한 내용만 적는다.

대상	북한이탈주민	대상	다문화 가정
내용		내용	

대상		대상	
내용		내용	

2. 모둠별로 조사한 내용을 발표해 봅시다.

1차시 ③ 배려와 공정이 있는 학급을 위한 토론하기

◆ '우리 학급을 배려와 공정이 있는 학급으로 만들기 위한 방안을 토론해 봅시다.

1. 앞서 살펴보았듯, 다양성을 존중하기 위해 우리 사회에는 여러 제도와 규칙이 존재합니다. 배려와 공정이 있는 학급을 만들기 위해서는 학급 역시 규칙이 필요합니다. 우리 학급에 어떤 규칙이 필요할지 나의 의견을 적어봅시다.

예시) 상대방을 비하할 수 있는 말은 절대 금지한다.

2. 나의 의견을 바탕으로 우리 학급의 규칙을 만들기 위한 토론을 해 봅시다.

3. 학급 토론을 돌아보며 느낀 점을 적어봅시다.

2차시 ① 존중의 사회가 되려면

◆ 존중이 있는 사회가 되는 데 필요한 것을 생각해 봅시다.

1. 다음은 다양성 존중과 관련하여 모둠원끼리 이야기를 나눈 내용입니다.

지현 어제 점심시간에 옆 반 친구들이 피구를 하길래, 같이 껴서 했거든. 그런데 글쎄 우리 반과 옆 반의 규칙이 서로 다른 거야. 서로 자신의 의견만 주장하면서 다투다가 점심시간이 다 지나버렸어.

수민 며칠 전에 북한 이탈 주민과 관련된 다큐멘터리를 봤어. 그런데 북한에서 온 학생들이 힘든 것 중 하나가 '언어'라고 하더라고. 우리와 비슷한 말을 쓴다고 생각해서 언어의 어려움을 겪을 것이라고는 생각하지 못했어.

제임스 배려가 이루어질 때 조심해야 할 것도 있을 것 같아. 나는 다문화 가정의 학생이지만, 한국말을 잘하고 나 자신도 내가 한국 사람이라고 생각해. 가끔 우리 반의 친구들이 나를 지나치게 배려하려고 할 때마다 기분이 이상할 때가 있어.

재민 사회에서 약자로 분류되는 사람들을 보호할 수 있는 제도가 있지만, 여전히 어려움을 겪는 사람이 많은 것 같아. 예를 들어, 얼마 전에도 고독사하는 할머니, 할아버지들의 수가 많다는 뉴스를 봤어. 아직 부족한 점이 많은 것 같아.

학급 단위를 넘어, 배려와 존중이 있는 공동체를 만드는 데 필요한 것은 무엇일까요? 각 학생의 발언과 관련하여 들었던 생각을 적어봅시다.

이름	내용
지현	
수민	
제임스	
재민	

2차시 ② 하나의 공동체를 위한 토론하기

◆ 다양성을 존중하는 공동체를 만들기 위해 어떤 규칙, 태도가 필요할지 토론해 봅시다.

1. 앞선 활동을 떠올리며, 다양성을 존중하는 사회가 이루어지는 데 필요한 규칙, 태도 등은 어떤 것이 있을지 자신의 생각을 적어봅시다.

예시) 소외되는 사람이 없도록 사회에 어떤 다양한 사람들이 존재하는지 알아봐야 한다, 배려가 참견이 되지 않도록 주의한다.

2. 적은 내용을 바탕으로, 현재 사회에 필요한 그 누구도 소외되고 차별받지 않기 위한 규칙, 태도는 어떤 것일지 토론해 봅시다.

3. 학급 토론을 돌아보며 느낀 점을 적어봅시다.

2차시 ③ 생각 넓히기

◆ 생각의 폭을 넓혀봅시다.

1. 나와 모든 것이 다른 사람들이 모여 있는 마을에 이사를 가게 되었습니다. (성격, 취향, 식성 등….) 내가 이사 간 첫날이 어떨지 상상해서 적어봅시다.

2. 남한과 북한의 학생이 서로 교환 학생이 되었다고 생각해 봅시다. 내가 북한으로 가는 경우와 북한의 학생이 남한으로 오는 경우 두 가지를 상상하여 주의할 점, 배려해야 할 점을 적어봅시다.

예시) 북한에서 온 학생이 사용하는 물건이 무조건 남한의 것보다 나쁘다는 태도를 가지지 않도록 주의한다.

더! 알찬 수업을 만드는 읽기 자료

신체의 다양성

우리는 장애인을 영어로 표현할 때 여전히 'disabled person'이라는 단어를 익숙하게 여긴다. 하지만 'disabled'라는 단어에는 무언가를 할 수 없다는, 어딘가 결핍이 있는 듯한 부정의 인상이 내재해 있다. 신체의 다양성에 대한 존중 의식이 자라남에 따라 언어 역시 변화했다. 패럴림픽 조직위원회에서는 장애인을 칭할 때 'impaired person, suffered' 등의 단어를 사용하여 결핍의 이미지를 없애고자 노력했다. 우리나라에서는 과거 '장애인 올림픽'의 명칭을 쓰던 것을 '패럴림픽'의 영어 단어를 그대로 사용하는 것으로 점차 바꾸었으며, 이는 비장애인들의 올림픽과 어깨를 나란히 하는 뜻을 견고히 하고자 함이었다.

과거에 장애인의 반대말은 '정상인'이었다. 마치 장애인이 '비정상인'인 것처럼 느껴지는 대비다. 현재 장애인의 반대말은 '비장애인'으로 바뀌었다. 서로의 다양성을 있는 그대로, 낮추지 않고 존중할 때 우리 사회는 한층 더 발전한다.

북한이탈주민

북한에서 남한으로 이주한 사람들을 과거 '탈북자'라고 불렀다. 2005년 이후, '탈북자'라는 명칭의 부정적인 점을 고려해 '탈북자'는 '새터민'이라는 이름으로 바뀌었다. 북한에서 남한으로 터를 옮겼다는 뜻을 가진 밝은 어감의 단어를 사용한 것이다. 하지만 이는 오히려 북한을 고향으로 가진 이들에 대한 정체성의 부정, 차별적인 표현이라는 이의가 제기되었다. 이후 '새터민'은 다시 '북한이탈주민'이라는 이름으로 바뀌게 되었다.

다양성 존중

학생들을 민주 시민으로 길러내는 것은 대한민국 교육의 핵심 중 하나다. 이에 따라 민주 시민으로서 가져야 할 시민의식의 중요성에 대한 교육이 지속하여 이루어지고 있다. 그렇다면 우리나라 국민은 올바른 시민의식을 가지고 있을까?

2000년대 교육성취도 평가 국제연합회(International Association for the Evaluation of Educational Achievement) 기준 차별에 대한 지식, 다수당의 원리에 대한 지식과 같은 다양성 존중의 영역에서, 당시 우리나라 성인의 의식이 국제 평균 14세의 평균과 비슷하다는 연구 결과가 있다. (김태준. "한국 사회 시민의식 실태와 교육적 함의-비판의식 및 다양성 존중 의식을 중심으로-" 한국 교육 31.3 (2004): 333-354.) 교육의 영향으로 초등, 중등보다 성인이 되었을 때 다양성 존중에 대한 의식이 강화되었으나, 20년 전까지만 해도 우리나라의 시민의식은 국제 평균에 턱없이 미달이었다. 그렇다면 현재는 어떠할까? 청년층을 대상으로 우리 사회에서 가장 중요한 가치라고 생각하는 것을 조사한 결과, 경제적 부(富)가 49.0%로 가장 많은 지지를 받았으며, 존중(31.1%), 다양성(17.4%)과 같은 가치는 비교적 주목받지 못했다. (한국청소년정책연구원,「청년사회·경제실태조사」, 2021, 2023.12.30, 우리 사회에서 가장 중요한 가치라고 생각하는 것)

SNS의 발달 등으로 개인의 의견을 사회에 드러내기 쉬워지면서, 사회 구성원 개개인이 사회에 끼치는 영향 역시 커졌다. 구성원들의 전반적인 시민의식 향상이 매우 중요해짐에 따라, 교육 역시 이에 발맞추어야 한다. 예를 들어 장애 이해 교육과 연계한 문화 다양성 교육과정을 제공받은 초등학생들의 장애인식과 다양성 수용 정도에 유의미한 변화가 나타났다는 연구결과가 있다. (박명화, 서유진. "장애이해교육과 연계한 초등학교 문화다양성 교육과정 개발 및 실행 효과" 학습자중심교과교육연구 22.20 (2022): 217-232.)

그러므로 한국 사회에 필요한 '다름'에 대한 관용은 교육을 통해 신장할 수 있으며, 이는 나아가 한국 사회의 발전으로 이어질 것이다.

양성평등 – 평등권을 중심으로

대한민국 헌법 제11조 제1항. 모든 국민은 법 앞에 평등하다. 누구든지 성별·종교 또는 사회적 신분에 의하여 정치적·경제적·사회적·문화적 생활의 모든 영역에 있어서 차별받지 아니한다. 우리나라는 법적으로 모든 형태의 차별을 명백히 금지하고 있다. 20세기 초 여성 참정권 운동을 중심으로 여성에 대한 법적인 차별이 현저히 줄었다.

그럼에도 불구하고 여전히 한국 사회에는 성차별적인 요소들이 남아있다. 출산, 육아에 치중된 우리나라의 여성 정책은 궁극적인 평등을 가져오기에 부족함이 많다. 인권은 사람이 사람답게 살 수 있는 권리를 뜻하며, 경제 활동을 제한하는 것은 인권을 보장받지 못하게 하는 행위다. 여성의 권리를 출산과 양육의 권리로 한정 지어 다루는 것은 이처럼 가장 핵심적인 평등의 쟁점에서 비껴간 관점이다.

그렇다면 국가로부터, 사회로부터 받는 부당한 차별을 금지하는 것으로 궁극적인 평등이 이루어질 것인가? 평등권은 그에서 나아가 객관적 법질서를 중축하고 모든 생활영역에서 평등을 실현할 국가의 의무를 포함한다. (이욱한. (2005). 차별금지원칙과 실질적 평등권. 공법학연구, 6(3), 111-133.) 실질적으로 양성평등을 이루기 위해서는 더욱 적극적인 차별금지법과, 그에 걸맞은 국민의 인식이 동반되어야 한다. 우리 사회가 평등하고 발전 가능성이 있는 공동체로 나아가기 위해서는 평등에 대한 교육이 더욱 심도 있게 이루어져야 한다.

함께 보면 좋은 자료

자료	QR
트랙은 하나, 뛰는 사람은 둘? : 크랩 (KBS 뉴스)	
감동의 A매치 데뷔, "장애 아닌 개성일 뿐" : MBC 뉴스	
탈북민 사이 숨은 가짜 탈북민 찾기 | PIXID	
북한이탈주민 친구들은 북에서 온 사실을 왜 밝히지 않을까?	

한반도의 인권: 자유권의 실천

평화 여행을 떠나요

남과 북 사이에 철도가 연결되어 있고, 길이 이어져 있음에도 불구하고 남과 북 사이에는 자유롭게 오고 갈 수 있는 자유가 없습니다. 만약 조금 남과 북 사이에 좀 더 평화로운 관계가 만들어져 자유롭게 오고 갈 수 있다면 어떨까요?

이번 시간에는 평화로운 여행이 가능한 남과 북의 상황을 가정하고 직접 평화 여행을 떠나보는 역할극 속에 빠져들어 봅시다. 통일에의 긴 여정은 남과 북 사이를 평화롭게 오고 갈 수 있는 상황을 상상하는 것에서부터 시작하는 것인지도 모릅니다. 비록 가상 상황이지만 평화 여행 속으로 빠져들어 평화와 통일을 마음껏 꿈꾸고 상상하면 좋겠습니다.

#평화여행 #여권지수 #북한의 가볼 곳 #북한의 먹거리 #역할극

들어가기

해마다 발표하는 〈헨리 여권 지수〉에 따르면 대한민국은 '여권 파워' 세계 2~3위를 오르내리는 나라라고 한다. 〈헨리 여권 지수〉는 비자 없이 갈 수 있는 나라가 얼마나 되는지를 합산한 지수인데, 대한민국 여권을 들고는 190여 개 나라를 비자 없이 갈 수 있다고 하는 것이다. 하지만 가장 가까운 곳에 있는 북한은 대한민국 여권을 들고도 자유롭게 오고 갈 수가 없는 현실이다.

자유롭게 오갈 수 없이 서로의 사이에 벽들이 가로막고 있는 상황 속에서 평화에 이르는 길이 만들어지는 것이 가능할까? 통일을 꿈꾸는 일은 가능할까? 만약 남과 북이 자유롭게 오고 갈 수 있다면 어떤 일들이 펼쳐질 수 있을까? 평화와 통일은 어쩌면 이런 상상을 하는 일에서부터 출발하는 것인지도 모르겠다. 분단을 넘어 저 너머 통일까지 가는 길은 서로 마음 놓고 오고 갈 수 있는 자유를 확대하며 함께 평화를 일궈 가는 과정인지도 모르겠다.

이번 〈평화 여행을 떠나요〉 단원에서는 그런 상상을 시작해 보려고 한다.

1차시에서는 ① 대한민국 여권 이야기, ② 장소 카드 짝 맞춰 보기, ③ 북한 음식 알아보기 등의 활동을 진행한다. 대한민국 여권 파워에 대한 이야기를 시작으로 북한의 가볼 만한 곳들을 골라 놀이를 통해 살펴보고, 북한의 음식에 대해서도 간단하게 살펴보려고 한다.

이어서 2차시에서는 ① 평화 여행 역할극 준비하기, ② 평화 여행 역할극 하기, ③ 느낌 나누기 등의 활동을 진행한다. 참가자의 역할을 나눠 남과 북 사이에 평화롭게 여행을 오고 가는 상황을 역할극을 통해 겪어보려고 하는 것이다. 이 활동을 통해 자유롭게 오고 가는 일 역시 평화와 통일에 이르는 중요한 과정이라는 것을 몸소 느끼면 좋겠다. 아울러 통일은 결과나 구호가 아니라 과정임을 활동을 통해 알 수 있다면 좋겠다.

수업 한눈에 보기

주제	평화 여행을 떠나기	
1차시	평화 여행을 떠날 준비 하기	① 대한민국 여권 이야기
		② 장소 카드 짝 맞춰 보기
		③ 북한 음식 알아보기
2차시	평화 여행을 떠나기	① 평화 여행 역할극 준비하기
		② 평화 여행 역할극 하기
		③ 느낌 나누기

1차시 ① 대한민국 여권 이야기

◆ 이야기를 읽고 물음에 답해 봅시다.

대한민국 여권을 들고 여행을 간다면 몇 개국을 갈 수 있을까요?
최근 대한민국 여권 파워는 전 세계 2위와 3위를 오르내리고 있다고 합니다.
2023년 7월 18일 발표한 〈헨리 여권 지수〉를 보면 대한민국 여권은 여권을 들고 비자 없이 갈 수 있는 나라가 189개국으로 세계 공동 3위를 기록했다고 합니다.

1. 대한민국 여권을 활용하여 내가 가고 싶은 나라는 어디인가요? 가고 싶은 나라와 이유를 이야기해 봅시다.

2. 여권 파워 세계 3위의 대한민국 여권을 가지고 있더라도 북한 지역은 마음대로 여행할 수 없습니다. 왜 그럴까요?

3. 북한 여행을 마음대로 할 수 있다면 무엇을 해 보고 싶습니까?

1차시 ② 장소 카드 짝 맞춰 보기

◆ 다음 설명을 잘 듣고 카드놀이를 해 봅시다.

1. 다음 설명을 잘 듣고 카드놀이를 해 봅시다.

놀이 방법

1. 카드를 잘 섞어 모둠 친구들과 같은 숫자만큼 나눠 갖는다.
2. 모둠 안에서 활동할 순서를 정한다.
3. 자신의 순서가 되면 짝이 맞는 카드를 가운데 정리하여 내놓을 수 있다.
4. 짝이 맞는 카드가 없는 경우 모둠 친구들과 카드를 한 장씩 바꿀 수 있다.
4. 같은 장소를 나타내는 카드끼리 짝이 맞춰지면 가운데 정리하여 내어놓는다.
5. 짝이 맞는 카드를 내어놓은 친구가 내용을 소리 내어 읽어본다.
6. 모든 카드의 짝이 다 맞춰지고 정리되면 "미션 완료!"라고 모둠이 함께 외친다.

* 활동에 활용할 카드는 참고 자료에 첨부된 파일을 출력하여 사용하면 됩니다.

2. 카드에 나온 장소 중 내가 가장 가보고 싶은 곳은 어디인가요?

1차시 ③ 북한의 음식 알기

◆ 선생님께서 설명하시는 북한의 음식을 맞춰 봅시다.

1. 선생님의 설명을 듣고 어떤 음식일지 맞는 동그라미를 해 봅시다.

어복쟁반	명태순대	조랭이떡국
평양냉면	함흥냉면	해주비빔밥
가자미식해	두부밥	속도전떡

2. 북한의 음식 중에 먹어보고 싶은 음식은 무엇인가요?

2차시 ① 평화 여행 역할극 준비하기

◆ 아래 내용을 잘 읽고 역할극을 준비해 봅시다.

활동방법

1. 남북출입사무소 직원(남한측 2명, 북한측 2명)을 정하고 나머지 인원은 남한 사람과 북한 사람으로 나눕니다.
2. 남한 사람, 북한 사람들의 경우엔 가이드 역할과 관광객 역할을 번갈아 하게 됩니다. 가이드 역할 시 설명할 장소를 뽑고, 그에 대해 설명할 준비를 합니다. 남북출입사무소 직원을 빼고는 모두 가이드 역할을 준비해야 합니다.
3. 남북출입사무소 직원은 아래 참고 내용을 읽어보고 진행할 때 필요한 대본을 준비합니다.
4. 혹시 필요한 소품이 있다면 준비합니다. (장소를 나타내는 이름표 등)

* 여행지 설명을 준비할 때는 1차시 활동에 활용했던 장소 카드를 활용하도록 합니다.

* 역할극의 흐름은 남북출입사무소를 통해 서로 상대편으로 이동하여 상대편 여행지들의 설명을 들어보는 흐름으로 진행합니다.

1. 남북이 자유롭게 왕래가 가능한 상황을 상상하며 평화 여행 역할극을 준비해 봅시다.

남북출입사무소 참고 내용	
남북출입사무소 : 다른 나라를 갈 때는 여권을 활용하여 출입국 심사를 받게 되지만 남과 북 사이는 서로 특수한 관계를 감안하여 나라를 넘어가는 게 아니라 경계를 넘어간다고 보며 출경심사를 받게 됩니다. 여권 대신 방문증명서를 사용하게 됩니다.	**남북출입사무소 직원1, 2의 역할** **직원1 :** 남한은 남한 여행객이, 북한은 북한 여행 여행객이 상대편 쪽으로 여행 가려고 할 때 방문증명서와 신분을 확인하고 도장을 찍어주는 역할을 합니다. [출경심사] **직원2 :** 상대편 쪽에서 온 관광객을 확인하는 역할을 합니다. 무슨 목적으로 왔는지, 어디를 가려고 하는지 등을 확인하고 자연스레 대화를 나누고 통과시켜 주도록 합니다. [입경심사]

2차시 ② 평화 여행 역할극 하기

◆ 평화 여행 역할극을 해 봅시다.

1. 남과 북을 자유롭게 오가며 아래와 같이 역할극을 해 봅시다.

활동방법

1. 교실을 남쪽과 북쪽으로 나누고 가운데에 남북이 오고 갈 수 있도록 남북출입사무소를 둡니다.
2. 책상과 준비된 소품을 활용하여 무대를 만드는 시간을 갖습니다.
3. 활동이 시작되면 남과 북의 관광객은 방문증명서를 들고 남북출입사무소를 거쳐 여행지를 차근차근 돌면서 활동합니다. 단, 한 여행지에 너무 많은 인원이 겹치지 않도록 비어있는 여행지를 먼저 가서 활동하도록 합니다.
4. 어느 정도 활동이 마무리되면, 가이드 역할과 관광객 역할을 바꾸어 활동을 한 번 더 진행합니다.

2차시 ③ 느낌 나누기

◆ 평화 여행을 다녀온 느낌을 나눠 봅시다.

1. 활동을 하면서 새롭게 알게 된 점이나 느꼈던 점은 무엇인가요?

더! 알찬 수업을 만드는 읽기 자료

북한의 여행지 카드

백두산	한반도에서 가장 높은 산으로 남한과 북한의 국가 모두에 등장하는 민족의 영산이지요. 정상에는 칼데라 호수인 천지가 있어요.	**개성 역사지구**	개성은 고려의 수도였어요. 그런 까닭에 고려 왕건릉, 선죽교, 개성 남대문, 고려 성균관, 만월대 등 고려왕조의 문화와 역사를 잘 보여주고 있는 역사 유산들이 모여 있어요. 특히 개성 만월대는 남북이 공동으로 발굴조사를 진행했던 곳이기도 해요.
만경대 유희장	북에서는 놀이공원, 놀이동산을 '유희장'이라고 불러요. 만경대 유희장은 평양시 만경대구역에 위치한 놀이공원이지요. 남한의 놀이공원에서 볼 수 있는 관성렬차(롤러코스터), 배그네(바이킹), 전기자동차(범퍼카) 등도 있다고 해요.	**금강산**	한반도에서 가장 아름다운 산 가운데 하나로 평가되는 산이지요. 봄에는 금강산, 여름에는 봉래산, 가을에는 풍악산, 겨울에는 개골산으로 불리기도 해요. 1만 2천 봉우리 중에서도 가장 높은 건 비로봉이에요.
문수 물놀이장	대동강 구역에 있는 워터파크랍니다. 27개의 미끄럼틀, 실내 물놀이장, 실외 물놀이장, 체육관, 식당 등이 함께 있어 여름이면 사람들이 많이 찾는 곳이라고 해요.	**마식령 스키장**	강원도 원산 인근 마식령(법동군 작동리)에 건설한 스키장으로 2013년 개장했어요. 2018년 1월에는 마식령스키장에서 남북 스키선수들이 공동 훈련을 하기도 했다고 하네요.
송도원 해수욕장	강원도 원산시 송도원에 있는 해수욕장으로 북한에서 가장 인기 있는 해수욕장이에요. 남북분단 이전에도 한반도 최대의 해수욕장이었다고 해요.	**대동강**	북한의 수도인 평양의 한가운데를 흐르는 강이에요. 대동강에는 명물 식당배인 대동강호가 있어요.

북한의 음식

어복쟁반

놋쟁반에 소고기를 얇게 썰고 갖가지 채소류를 푸짐하게 담아 육수를 넣고 끓여 먹는 전골요리

명태순대

내장을 깨끗하게 제거한 명태에 소를 넣어 순대처럼 만든 음식. 함경도 지방에서 정월 대보름날 달을 보며 먹던 토속음식. 허리뼈가 잘 보존된 명태순대를 먹으면 그해에 허리를 다치지 않고 한 해를 보낼 수 있다는 의미가 있다고 함.

조랭이떡국

개성지방의 음식으로 누에고치의 실처럼 한 해 일이 술술 잘 풀리라는 의미를 담아 새해 아침에 먹는 음식.

평양냉면

평양 인근, 넓게 보면 평안남도 일대에서 유래한 냉면. 동치미를 섞은 고깃국물로 맛을 낸 차가운 메밀국수.

해주비빔밥

볶은 밥 위에 닭고기와 여러 가지 나물을 얹어서 만드는 비빔밥. '해주교반'이라고도 함.

가자미식해

꾸덕꾸덕하게 말린 가자미에 좁쌀밥과 무채, 끓인 엿기름물 등으로 버무려 일주일간 삭혀서 먹는 함경도 향토음식.

두부밥

두부를 삼각형으로 자른 뒤 튀기듯 구운 두부 속에 밥을 채운 뒤 위에

양념장을 올려서 먹는 북한의 요리. 길거리 음식으로 인기가 높음.

속도전떡

5분도 안 되는 짧은 시간에 만들 수 있다고 해서 속도전이라는 이름이 붙음. 옥수숫가루를 더운물에 넣고 반죽하여 만드는 떡.

방문증명서

예시 (앞표지와 안쪽 내용) _ 참고하여 변경 후 활용

방문증명서 통일부	사진 증명서번호 : 성명 : 성별 : 생년월일 : 방문목적 : 방문기간 : 위 사람의 북한 지역 방문을 승인합니다. ( )년 ( )월 ( )일 통일부장관

◆ 154쪽 답안

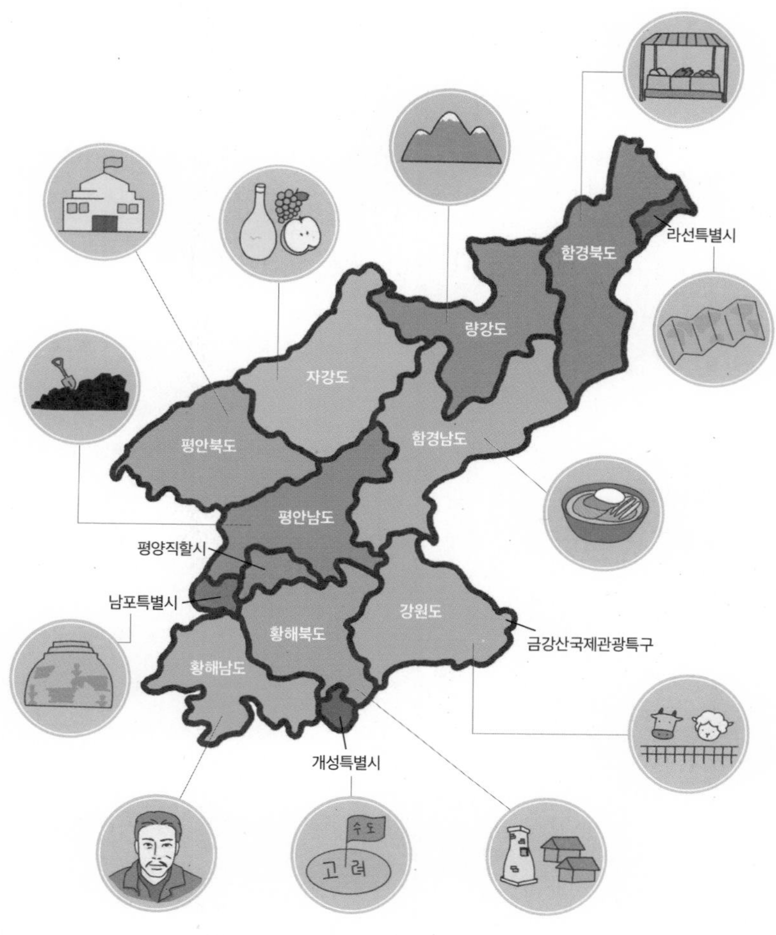
라선특별시
함경북도
량강도
자강도
평안북도
함경남도
평안남도
평양직할시
남포특별시
강원도
금강산국제관광특구
황해북도
황해남도
개성특별시
수도
고려

◆ 155쪽 답안

행정구역	스티커	설명
1) 남포특별시	덕흥리 고분벽화	덕흥리 벽화에는 별자리, 사냥 장면 등이 그려져 있습니다.
2) 라선특별시	외국인 무비자 관광 허용	외국인들은 비자 없이 라선특별시를 방문해 관광할 수 있습니다.
3) 개성특별시	고려왕조의 수도	고려의 수도인 개성에는 많은 고려시대 유적지가 있습니다.
4) 평안남도	덕천지구 탄광	평안남도는 북한 최대의 석탄공업기지이며 무연탄을 생산합니다.
5) 평안북도	신의주 경공업대학	신의주 경공업대학에서는 경공업 인재들을 양성합니다.
6) 자강도	백로주	자강도에는 강계의 백포도와 배로 만든 백로주가 유명합니다.
7) 함경남도	함흥냉면	함흥냉면은 감자녹말로 만든 냉면으로 맛이 아주 좋습니다.
8) 함경북도	청진 수남시장	북한에서 가장 규모가 큰 장마당은 청진 수남시장입니다.
9) 량강도	백두산	량강도의 백두산은 한반도에서 가장 높은 산입니다.
10) 황해북도	사리원 민속거리	민속거리에는 측우기, 고인돌, 첨성대의 모형이 있고 거북선 모양의 배를 타고 호수에서 뱃놀이를 즐길 수 있습니다.
11) 황해남도	안중근 의사의 고향	독립운동가 안중근은 황해남도 해주부에서 태어났습니다.
12) 강원도	세포지구 축산농장	강원도에는 전 세계에서 가장 규모가 큰 목장이 있습니다.

154쪽 활동 스티커

43쪽 활동 동물 가면

삶의 행복을 꿈꾸는 교육은 어디에서 오는가?

미래 100년을 향한 새로운 교육

혁신교육을 실천하는 교사들의 **필독서**

● 교육혁명을 앞당기는 배움책 이야기 혁신교육의 철학과 잉걸진 미래를 만나다!

한국교육연구네트워크 총서

01 핀란드 교육혁명	한국교육연구네트워크 엮음 I 320쪽 I 값 15,000원
02 일제고사를 넘어서	한국교육연구네트워크 엮음 I 284쪽 I 값 13,000원
03 새로운 사회를 여는 교육혁명	한국교육연구네트워크 엮음 I 380쪽 I 값 17,000원
04 교장제도 혁명	한국교육연구네트워크 엮음 I 268쪽 I 값 14,000원
05 새로운 사회를 여는 교육자치 혁명	한국교육연구네트워크 엮음 I 312쪽 I 값 15,000원
06 혁신학교에 대한 교육학적 성찰	한국교육연구네트워크 엮음 I 308쪽 I 값 15,000원
07 진보주의 교육의 세계적 동향	한국교육연구네트워크 엮음 I 324쪽 I 값 17,000원
08 더 나은 세상을 위한 학교혁명	한국교육연구네트워크 엮음 I 404쪽 I 값 21,000원
09 비판적 실천을 위한 교육학	이윤미 외 지음 I 448쪽 I 값 23,000원
10 마을교육공동체운동: 세계적 동향과 전망	심성보 외 지음 I 376쪽 I 값 18,000원
11 학교 민주시민교육의 세계적 동향과 과제	심성보 외 지음 I 308쪽 I 값 16,000원
12 학교를 민주주의의 정원으로 가꿀 수 있을까?	성열관 외 지음 I 272쪽 I 값 16,000원
13 교육사상가의 삶과 사상	심성보 외 지음 I 420쪽 I 값 23,000원
14 교육사상가의 삶과 사상 2	김누리 외 지음 I 432쪽 I 값 25,000원

한국교육연구네트워크 번역 총서

01 프레이리와 교육	존 엘리아스 지음 I 한국교육연구네트워크 옮김 I 276쪽 I 값 14,000원
02 교육은 사회를 바꿀 수 있을까?	마이클 애플 지음 I 강희룡·김선우·박원순·이형빈 옮김 I 356쪽 I 값 16,000원
03 비판적 페다고지는 세상을 변화시킬 수 있는가?	Seewha Cho 지음 I 심성보·조시화 옮김 I 280쪽 I 값 14,000원
04 마이클 애플의 민주학교	마이클 애플·제임스 빈 엮음 I 강희룡 옮김 I 276쪽 I 값 14,000원
05 21세기 교육과 민주주의	넬 나딩스 지음 I 심성보 옮김 I 392쪽 I 값 18,000원
06 세계교육개혁 민영화 우선인가 공적 투자 강화인가?	린다 달링-해먼드 외 지음 I 심성보 외 옮김 I 408쪽 I 값 21,000원
07 콩도르세, 공교육에 관한 다섯 논문	니콜라 드 콩도르세 지음 I 이주환 옮김 I 300쪽 I 값 16,000원
08 학교를 변론하다	얀 마스켈라인·마틴 시몬스 지음 I 윤선인 옮김 I 252쪽 I 값 15,000원
09 존 듀이와 교육	짐 개리슨 외 지음 I 심성보 외 옮김 I 376쪽 I 값 19,000원
10 진보주의 교육운동사	윌리엄 헤이스 지음 I 심성보 외 옮김 I 324쪽 I 값 18,000원
11 사랑의 교육학	안토니아 다더 지음 I 심성보 외 옮김 I 412쪽 I 값 22,000원
12 다시 읽는 민주주의와 교육	존 듀이 지음 I 심성보역 I 620쪽 I 값 32,000원

● 비고츠키 선집 시리즈 발달과 협력의 교육학 어떻게 읽을 것인가?

01 생각과 말	L.S. 비고츠키 지음 | 배희철·김용호·D. 켈로그 옮김 | 690쪽 | 값 33,000원
02 도구와 기호	비고츠키·루리야 지음 | 비고츠키 연구회 옮김 | 336쪽 | 값 16,000원
03 어린이 자기행동숙달의 역사와 발달 Ⅰ	L.S. 비고츠키 지음 | 비고츠키 연구회 옮김 | 564쪽 | 값 28,000원
04 어린이 자기행동숙달의 역사와 발달 Ⅱ	L.S. 비고츠키 지음 | 비고츠키 연구회 옮김 | 552쪽 | 값 28,000원
05 어린이의 상상과 창조	L.S. 비고츠키 지음 | 비고츠키 연구회 옮김 | 280쪽 | 값 15,000원
06 성장과 분화	L.S. 비고츠키 지음 | 비고츠키 연구회 옮김 | 308쪽 | 값 15,000원
07 연령과 위기	L.S. 비고츠키 지음 | 비고츠키 연구회 옮김 | 336쪽 | 값 17,000원
08 의식과 숙달	L.S 비고츠키 | 비고츠키 연구회 옮김 | 348쪽 | 값 17,000원
09 분열과 사랑	L.S. 비고츠키 지음 | 비고츠키 연구회 옮김 | 260쪽 | 값 16,000원
10 성애와 갈등	L.S. 비고츠키 지음 | 비고츠키 연구회 옮김 | 268쪽 | 값 17,000원
11 흥미와 개념	L.S. 비고츠키 지음 | 비고츠키 연구회 옮김 | 408쪽 | 값 21,000원
12 인격과 세계관	L.S. 비고츠키 지음 | 비고츠키 연구회 옮김 | 372쪽 | 값 22,000원
13 정서 학설 Ⅰ	L.S. 비고츠키 지음 | 비고츠키 연구회 옮김 | 584쪽 | 값 35,000원
14 정서 학설 Ⅱ	L.S. 비고츠키 지음 | 비고츠키 연구회 옮김 | 480쪽 | 값 35,000원
비고츠키와 인지 발달의 비밀	A.R. 루리야 지음 | 배희철 옮김 | 280쪽 | 값 15,000원
비고츠키의 발달교육이란 무엇인가?	비고츠키교육학실천연구모임 지음 | 412쪽 | 값 21,000원
비고츠키 철학으로 본 핀란드 교육과정	배희철 지음 | 456쪽 | 값 23,000원
비고츠키와 마르크스	앤디 블런던 외 지음 | 이성우 옮김 | 388쪽 | 값 19,000원
수업과 수업 사이	비고츠키 연구회 지음 | 196쪽 | 값 12,000원
관계의 교육학, 비고츠키	진보교육연구소 비고츠키교육학실천연구모임 지음 | 300쪽 | 값 15,000원
교사와 부모를 위한 발달교육이란 무엇인가?	현광일 지음 | 380쪽 | 값 18,000원
비고츠키 생각과 말 쉽게 읽기	진보교육연구소 비고츠키교육학실천연구모임 지음 | 316쪽 | 값 15,000원
교사와 부모를 위한 비고츠키 교육학	카르포프 지음 | 실천교사번역팀 옮김 | 308쪽 | 값 15,000원
레프 비고츠키	르네 반 데 비어 지음 | 배희철 옮김 | 296쪽 | 값 21,000원

혁신학교	성열관·이순철 지음 ǀ 224쪽 ǀ 값 12,000원
행복한 혁신학교 만들기	초등교육과정연구모임 지음 ǀ 264쪽 ǀ 값 13,000원
서울형 혁신학교 이야기	이부영 지음 ǀ 320쪽 ǀ 값 15,000원
혁신교육, 철학을 만나다	브렌트 데이비스·데니스 수마라 지음 ǀ 현인철·서용선 옮김 ǀ 304쪽 ǀ 값 15,000원
대한민국 교사, 어떻게 가르칠 것인가?	윤성관 지음 ǀ 320쪽 ǀ 값 15,000원
아이들을 어떻게 가르칠 것인가	사토 마나부 지음 ǀ 박찬영 옮김 ǀ 232쪽 ǀ 값 13,000원
모두를 위한 국제이해교육	한국국제이해교육학회 지음 ǀ 364쪽 ǀ 값 16,000원
경쟁을 넘어 발달 교육으로	현광일 지음 ǀ 288쪽 ǀ 값 14,000원
혁신교육 존 듀이에게 묻다	서용선 지음 ǀ 292쪽 ǀ 값 16,000원
다시 읽는 조선 교육사	이만규 지음 ǀ 750쪽 ǀ 값 33,000원
교실 속으로 간 이해중심 교육과정	온정덕 외 지음 ǀ 224쪽 ǀ 값 13,000원
대한민국 교육혁명	교육혁명공동행동 연구위원회 지음 ǀ 224쪽 ǀ 값 12,000원
포스트 코로나 시대의 교육	성열관 외 지음 ǀ 224쪽 ǀ 값 15,000원
내일 수업 어떻게 하지?	아이함께 지음 ǀ 300쪽 ǀ 값 15,000원
핀란드 교육의 기적	한넬레 니에미 외 엮음 ǀ 장수명 외 옮김 ǀ 456쪽 ǀ 값 23,000원
한국 교육의 현실과 전망	심성보 지음 ǀ 724쪽 ǀ 값 35,000원
독일의 학교교육	정기섭 지음 ǀ 536쪽 ǀ 값 29,000원
교실 속으로 간 이해중심 통합교육과정	온정덕 외 지음 ǀ 224쪽 ǀ 값 15,000원
초등 백워드 교육과정 설계와 실천 이야기	김병일 외 지음 ǀ 352쪽 ǀ 값 19,000원
학습격차 해소를 위한 새로운 도전 보편적 학습설계 수업	조윤정 외 지음 ǀ 240쪽 ǀ 값 15,000원

● 경쟁과 차별을 넘어 평등과 협력으로 미래를 열어가는 교육 대전환! 혁신교육 현장 필독서

학교의 미래, 전문적 학습공동체로 열다	새로운학교네트워크·오윤주 외 지음 ǀ 276쪽 ǀ 값 16,000원
마을교육공동체 생태적 의미와 실천	김용련 지음 ǀ 256쪽 ǀ 값 15,000원
학교폭력, 멈춰!	문재현 외 지음 ǀ 348쪽 ǀ 값 15,000원
학교를 살리는 회복적 생활교육	김민자·이순영·정선영 지음 ǀ 256쪽 ǀ 값 15,000원
삶의 시간을 잇는 문화예술교육	고영직 지음 ǀ 292쪽 ǀ 값 16,000원
미래교육을 디자인하는 학교교육과정	박승열 외 지음 ǀ 348쪽 ǀ 값 18,000원
코로나 시대, 마을교육공동체운동과 생태적 교육학	심성보 지음 ǀ 280쪽 ǀ 값 17,000원

혐오, 교실에 들어오다	이혜정 외 지음 ǀ 232쪽 ǀ 값 15.000원
수업, 슬로리딩과 함께	박경숙 외 지음 ǀ 268쪽 ǀ 값 15,000원
물질과의 새로운 만남	베로니카 파치니-케처바우 외 지음 ǀ 이연선 외 옮김 ǀ 240쪽 ǀ 값 15,000원
그림책으로 만나는 인권교육	강진미 외 지음 ǀ 272쪽 ǀ 값 18,000원
수업 고수들 수업·교육과정·평가를 말하다	박현숙 외 지음 ǀ 368쪽 ǀ 값 17,000원
아이들의 배움은 어떻게 깊어지는가	이시이 쥰지 지음 ǀ 방지현·이창희 옮김 ǀ 200쪽 값 11,000원
미래, 공생교육	김환희 지음 ǀ 244쪽 ǀ 값 15,000원
들뢰즈와 가타리를 통해 유아교육 읽기	리세롯 마리엣 올슨 지음 ǀ 이연선 외 옮김 ǀ 328쪽 ǀ 값 17,000원
혁신고등학교, 무엇이 다른가?	김현자 외 지음 ǀ 344쪽 ǀ 값 18,000원
시민이 만드는 교육 대전환	심성보·김태정 지음 ǀ 248쪽 ǀ 값 15,000원
평화교육 과거, 현재 그리고 미래를 그리다	모니샤 바자즈 외 지음 ǀ 권순정 외 옮김 ǀ 268쪽 ǀ 값 18,000원
마을교육공동체란 무엇인가?	서용선 외 지음 ǀ 360쪽 ǀ 값 17,000원
강화도의 기억을 걷다	최보길 지음 ǀ 276쪽 ǀ 값 14,000원
체육 교사, 수업을 말하다	전용진 지음 ǀ 304쪽 ǀ 값 15,000원
평화의 교육과정 섬김의 리더십	이준원·이형빈 지음 ǀ 292쪽 ǀ 값 16,000원
마을로 걸어간 교사들, 마을교육과정을 그리다	백윤애 외 지음 ǀ 336쪽 ǀ 값 16,000원
혁신교육지구와 마을교육공동체는 어떻게 만들어지는가?	김태정 지음 ǀ 376쪽 ǀ 값 18,000원
서울대 10개 만들기	김종영 지음 ǀ 348쪽 ǀ 값 18,000원
선생님, 통일이 뭐예요?	정경호 지음 ǀ 252쪽 ǀ 값 13,000원
함께 배움 학생 주도 배움 중심 수업 이렇게 한다	니시카와 준 지음 ǀ 백경석 옮김 ǀ 280쪽 ǀ 값 15,000원
다정한 교실에서 20,000시간	강정희 지음 ǀ 296쪽 ǀ 값 16,000원
즐거운 세계사 수업	김은석 지음 ǀ 328쪽 ǀ 값 13,000원
학교를 개선하는 교장 지속가능한 학교 혁신을 위한 실천 전략	마이클 풀란 지음 ǀ 서동연·정효준 옮김 ǀ 216쪽 ǀ 값 13,000원
선생님, 민주시민교육이 뭐예요?	염경미 지음 ǀ 244쪽 ǀ 값 15,000원
교육혁신의 시대 배움의 공간을 상상하다	함영기 외 지음 ǀ 264쪽 ǀ 값 17,000원
도덕 수업, 책으로 묻고 윤리로 답하다	울산도덕교사모임 지음 ǀ 320쪽 ǀ 값 15,000원
교육과 민주주의	필라르 오카디즈 외 지음 ǀ 유성상 옮김 ǀ 420쪽 ǀ 값 25,000원
교육회복과 적극적 시민교육	강순원 지음 ǀ 228쪽 ǀ 값 15,000원
비판적 미디어 리터러시 가이드	더글러스 켈너·제프 셰어 지음 ǀ 여은호·원숙경 옮김 ǀ 252쪽 ǀ 값 18,000원
지속가능한 마을, 교육, 공동체를 위하여	강영택 지음 ǀ 328쪽 ǀ 값 18,000원
대전환 시대 변혁의 교육학	진보교육연구소 교육과정연구모임 지음 ǀ 400쪽 ǀ 값 23,000원
교육의 미래와 학교혁신	마크 터커 지음 ǀ 전국교원양성대학교 총장협의회 옮김 ǀ 336쪽 ǀ 값 18,000원

남도 임진의병의 기억을 걷다	김남철 지음 ǀ 288쪽 ǀ 값 18,000원
프레이리에게 변혁의 길을 묻다	심성보 지음 ǀ 672쪽 ǀ 값 33,000원
다시, 혁신학교!	성기신 외 지음 ǀ 300쪽 ǀ 값 18,000원
백워드로 설계하고 피드백으로 완성하는 성장중심평가	이형빈·김성수 지음 ǀ 356쪽 ǀ 값 19,000원
우리 교육, 거장에게 묻다	표혜빈 외 지음 ǀ 272쪽 ǀ 값 17,000원
교사에게 강요된 침묵	설진성 지음 ǀ 296쪽 ǀ 값 18,000원
왜 체 게바라인가	송필경 지음 ǀ 320쪽 ǀ 값 19,000원
풀무의 삶과 배움	김현자 지음 ǀ 352쪽 ǀ 값 20,000원
비고츠키 아동학과 글쓰기 교육	한희정 지음 ǀ 300쪽 ǀ 값 18,000원
교실을 위한 프레이리	아이러 쇼어 엮음 ǀ 사람대사람 옮김 ǀ 410쪽 ǀ 값 23,000원
마을, 그 깊은 이야기 샘	문재현 외 지음 ǀ 404쪽 ǀ 값 23,000원
비난받는 교사	다이애나 폴레비치 지음 ǀ 유성상 외 옮김 ǀ 404쪽 ǀ 값 23,000원
한국교육운동의 역사와 전망	하성환 지음 ǀ 308쪽 ǀ 값 18,000원
철학이 있는 교실살이	이성우 지음 ǀ 272쪽 ǀ 값 17,000원
왜 지속가능한 디지털 공동체인가	현광일 지음 ǀ 280쪽 ǀ 값 17,000원
선생님, 우리 영화로 세계시민 만나요!	변지윤 외 지음 ǀ 328쪽 ǀ 값 19,000원
아이를 함께 키울 온 마을은 어떻게 만들어야 할까?	차상진 지음 ǀ 288쪽 ǀ 값 17,000원
선생님, 제주 4·3이 뭐예요?	한강범 지음 ǀ 308쪽 ǀ 값 18,000원
마을배움길 학교 이야기	김명신 외 지음 ǀ 300쪽 ǀ 값 18,000원
다시, 남도의 기억을 걷다	노성태 지음 ǀ 332쪽 ǀ 값 19,000원
세계의 혁신 대학을 찾아서	안문석 지음 ǀ 284쪽 ǀ 값 17,000원
소박한 자율의 사상가, 이반 일리치	박홍규 지음 ǀ 328쪽 ǀ 값 19,000원
선생님, 평가 어떻게 하세요	성열관 외 지음 ǀ 220쪽 ǀ 값 15,000원
남도 한말의병의 기억을 걷다	김남철 지음 ǀ 316쪽 ǀ 값 19,000원
생태전환교육, 학교에서 어떻게 할까?	심지영 지음 ǀ 236쪽 ǀ 값 15,000원
어떻게 어린이를 사랑해야 하는가	야누쉬 코르착 지음 ǀ 396쪽 ǀ 값 23000원
북유럽의 교사와 교직	예스터 에크하트 라르센 외 묶음 ǀ 유성상·김민조 옮김 ǀ 432쪽 ǀ 값 25,000원
산마을 너머 지금 뭐해?	최보길 외 지음 ǀ 260쪽 ǀ 값 17,000원
전문적 학습네트워크	크리스 브라운·신디 L. 푸트먼 엮음 ǀ 성기선·문은경 옮김 ǀ 424쪽 ǀ 값 24,000원
선생님이 왜 노조 해요?	윤미숙 외 지음 ǀ 326쪽 ǀ 값 18,000원
자율성과 전문성을 지닌 교사되기	린다 달링 해몬드·디온 번즈 지음 ǀ 전국교원양성대학교총장협의회 옮김 ǀ 412쪽 ǀ 값 25,000원
초등 개념 기반 탐구학습의 설계와 실천 이야기	김병일 외 지음 ǀ 380쪽 ǀ 값 27,000원

참된 삶과 교육에 관한 생각 줍기